ŞEYH

CW01666860

TALİ CESARET EDENE GÜLER

ONUR ATAÇ

DESTEK yayınları

DESTEK
MEDYA
GRUBU

DESTEK YAYINLARI: 1335
BİYOGRAFİ: 19

ONUR ATAÇ / TALİH CESARET EDENE GÜLER - ŞEYH ATA

İmtiyaz Sahibi: Yelda Cumalıoğlu
Genel Yayın Yönetmeni: Ertürk Akşun
Yayın Koordinatörü: Özlem Esmergül
Editör: Özlem Esmergül
Son Okuma: Devrim Yalkut
Kapak Tasarım: İlknur Muştu
Sayfa Düzeni: Cansu Poroy
Sosyal Medya-Grafik: Tuğçe Budak - Mesud Topal

Destek Yayınları: Eylül 2020
Yayıncı Sertifika No. 13226

ISBN 978-605-311-957-9

© Destek Yayınları
Abdi İpekçi Caddesi No. 31/5 Nişantaşı/İstanbul
Tel. (0) 212 252 22 42
Faks: (0) 212 252 22 43
www.destekdukkan.com
info@destekyayinlari.com
facebook.com/DestekYayinevi
twitter.com/destekyayinlari
instagram.com/destekyayinlari

Deniz Ofset – Nazlı Koçak
Sertifika No. 40200
Maltepe Mahallesi
Hastane Yolu Sokak No. 1/6
Zeytinburnu / İstanbul

DESTEK yayınları KARAKARGA BEYAZ BAYKUŞ genç DESTEK

"ZAFERİN TADINA ANCAK ACI ÇEKENLER VARIR."

ŞEYH ATA

TALİH CESARET EDENE GÜLER

ONUR ATAÇ

DESTEK yayınları

"Bu dünya,
uyuyan kimsenin rüyası gibidir."

– Mevlana

Önsöz

"Türk çocuğu ecdadını tanıdıkça daha büyük işler yapmak için kendinde kuvvet bulacaktır."

– Mustafa Kemal Atatürk

Kurtuluş Savaşı sırasında, İstanbul ile Ankara arasındaki gizli haberleşmenin merkezi ve işgal güçlerinin kontrolündeki İstanbul'dan Ankara'ya gidip Milli Mücadele'ye katılmak isteyenlerin üssü olarak kullanılan Özbekler Tekkesi'nin şeyhi Ata Efendi o dönemde gösterdiği fedakârlıklar ve yaptıklarıyla tanınması gereken kahramanlardan bir tanesidir.

Çünkü Milli Mücadele'nin unutulan kahramanlarından biridir Ata Efendi...

İstanbul'un İngilizler ve İtalyanlar tarafından işgal edildiği o zorlu günlerde vatanı kurtarabilme çarelerini araştıranlardandır. İşgalcilerle mücadele edebilmek için kurulan Karakol Cemiyeti ve Özbekler Tekkesi'ni bir araya getirip, kurtuluş umudunu yeşertendir.

İşgal yıllarında yaşanan tüm baskılara ve zorluklara göğüs gererek, birçok insanın gösteremediği cesareti ortaya koyan, tüm tehlikeleri göze alarak kapı kapı dolaşan ve en üst makamdakilerin bile cesaret edemediklerini yaparak insanlara umut veren ve diğer din adamlarına göre daha asi ve militan bir duruş sergileyendir.

Ayrıca işgal kuvvetlerinin ilk zamanlarda tekke, mescit ve camilerden şüphelenmediklerini fark ederek onların bu zaaflarından istifade etmesini bilen, tekkesinde topladığı vatanseverlere cesaret veren konuşmalar yaparak, Mustafa Kemal Paşa liderliğindeki mücadeleye katılmalarını isteyen de yine odur.

Mücadeleyi sadece sözlü olarak değil, Tekke ve Cemiyet mensuplarıyla silahlanarak işgal güçlerinin kontrolündeki depolardan silah ve cephane kaçırarak da vermiştir. Kaçırdıklarını uygun zaman gelinceye kadar güvenli yerlerde muhafaza ederek, ihtiyaç duyulduğu anda Ankara'ya ulaştırmayı başararak Milli Mücadele'nin başarısında çok önemli katkıları olmuştur.

Sadece bunlar da değildir yaptıkları...

Özbekler Tekkesi'nde gizli bir hastane bile kurmuştur.

Düşmanla işbirliği yaparak milli güçlere saldıran ya da işgal altındaki cephane depolarını basarken yaralananlar orada yatırılıyor, direnişe katkı sağlamak isteyen doktorlar tarafından tedavi ediliyorlardı.

Ata Efendi'nin fedakârlıkları bunlarla bitmiyordu...

Anadolu'ya, direnişin merkezi Ankara'ya gitmek isteyenleri de tekkesinde misafir ediyor, onların her ihtiyaçları ile ilgileniyordu. Birçok önemli isim onun tekkesinde misafir olmuş, daha sonra da uygun vakit gelince güvenli bir şekilde Ankara yolunu tutmuşlardı.

Kimleri misafir etmemiştir ki...

Milli Mücadele zamanında Batı Cephesi komutanlığı ve genelkurmay başkanlığı, Cumhuriyet'in ilanıyla da başbakanlık ve cumhurbaşkanlığı yapan İsmet İnönü.

Kurtuluş Savaşı'nda gösterdiği başarılardan sonra Mustafa Kemal Paşa ile birlikte en yüksek askeri rütbe olan mareşalliğe terfi ederek 23 yıl genelkurmay başkanlığı yapan Fevzi Çakmak.

"Vatan Şairi" olarak bilinen ve Milli Mücadele zamanında İstiklal Marşı'nı yazan Mehmet Akif Ersoy.

Yapmış olduğu mitinglerle İstanbul halkını ülkenin işgaline karşı harekete geçiren, Anadolu Ajansı'nın kurulmasına katkı veren, *Ateşten Gömlek* ve *Türk'ün Ateşle İmtihanı* isimli eserleriyle o günleri anlatan Halide Edib Adıvar ve daha nice vatansever onun tekkesinde misafir edilerek, sağ salim bir şekilde Ankara'ya ulaştırılmıştır.

Ata Efendi'nin tekkesi bir posta merkezi gibi de çalışırdı. İstanbul'dan Anadolu'ya, Anadolu'dan İstanbul'a en kritik haberler bu kanaldan ulaştırılıyordu. Özellikle İstanbul'dan Anadolu'ya geçmiş olan Kuvayı Milliyecilerin, İstanbul'daki aileleriyle irtibatları en fazla bu posta vasıtasıyla temin ediliyordu.

Son olarak bilinmelidir ki küçük yaştan itibaren tekkede aldığı dini eğitiminin yanı sıra hukuk eğitimi de alan Ata Efendi, hukuk fakültesinde hocalık da yapmıştır. Temsil ettiği bütün değerleri, vatanın selameti ve kurtuluşuna adamıştır.

Okuyacağınız bu biyografi, Milli Mücadele döneminde yaptıklarına rağmen bugüne kadar hakkında tek bir kitap yazılmayan Ata Efendi'yi tanıtmak ve onun başardıklarının ne kadar değerli ve önemli olduğunu anlatarak o günlere dair unutulanları hatırlatmak için kaleme alınmıştır.

Unutulanları hatırlatabilmesi ve umut vermesi dileğiyle...

"İyilik de, kötülük de geçip gider.
Kötü, hep kötü; iyi, hep iyi anılacaktır."

– Şeyh Sadi Şirazi

-I-

"Düşünce karanlığına ışık tutanlara ne mutlu."

– Hacı Bektaş Veli

Bahçesinde özenle yetiştirdiği güllere nazikçe dokunarak tekkenin mescidine doğru ilerliyordu. Eskisi kadar geleni gideni olmasa da, hac vazifesini yerine getirmeden önce kendisinden hayırdua almak isteyenlerin kapısını çalmasından ziyadesiyle memnundu. Dede yadigârı bu gelenek onunla da devam ediyor, gelenleri asla boş çevirmiyordu. Bugün de vazife gibi saydıklarını yerine getirecek olan misafirlerinin toplanacağı, elini öperek hayırdualarını isteyecekleri ve gülümsemeleriyle, umutlarıyla, inançlarıyla tekkeye hayat bahşedecekleri bir gündü.

Tekkeyi ayakta tutmak için var gücüyle çalışan Şeyh Ata Efendi, daha yapılacak çok işi olduğunu düşünüyordu fakat 53 yaşında olmasına rağmen kendisini hiç olmadığı kadar da yorgun hissediyordu. Ancak her sabah saçaklı verandaya çıkıp Boğaz'a baktığında tek bir düşman gemisi görmediği için önce Allah'a şükrediyor, sonra da çocuksu bir heyecanla gülümsemesine engel olamayıp adeta yeniden doğuyordu. Çünkü küstahça vatanın bağrına bir hançer gibi dayananların ne makineleri ne de askerleri artık orada değildi ve şimdi ne onlara ne de vatanın tek bir namuslu insanına zarar verebilirlerdi.

Hem bedeni yorgun hissetse ne olurdu, bugün olsa yine düşmanın karşısına çıkar, ahaliyi teşkilatlandırır, tekke mensuplarının her birini yeniden yanına toplar ve Gazi Paşa'nın önderliğindeki direnişin başarısı için silah, mühimmat, asker ne gerekirse göndermeye çalışırdı.

Varsın olsun eskisi kadar hatırlanmasın, bu kapı biraz da Kurtuluş Savaşı döneminde çalındığı o şerefli günlerin hatırına ayakta durmuyor muydu? Aradan kaç sene geçerse geçsin evveliyatı ve geleceğiyle o günlerden daha kıymetli günleri olacak ya da onları hatırlayacak mıydı? Üstüne düşen vazife neyse yerine getirmiş ve kendi payına düşen muvaffakiyeti kazanmamış mıydı?

Birçok insanın Boğaz'a demirleyen İngiliz donanma gemilerini gördüğü ve umutsuzluğa kapılarak mücadele azmini yitirdiği o günlerde bu böyle olmaz diyerek gündüzleri gezilmedik tek bir mahalle, ev, kahvehane bırakmamış, inancı ve sözleriyle insanları tekkeye davet ederek Mustafa Kemal Paşa'yı mücadelesinde yalnız bırakmamaları gerektiğini söylemişti.

Gündüzleri sözleriyle halka umut veren, onların direnişe olan inancını yeşerten Ata Efendi, akşam olup karanlık çökünce yoldaşlarını da yanına alarak Anadolu'ya yani mücadelenin kalbine gitmesi için silah ve mühimmatları kâh mezarlıklara kâh da tomruk taşıyan arabalara saklayarak uygun zamanın gelmesini beklemişti. Sadece silah ve mühimmat mı? Nice gönüllü neferlerin, nice kumandanların ve mebusların da Ankara'ya sağ salim ulaşmasını sağlamamış mıydı?

Hem o değil miydi ki tedrisatından geçerek o günlere gelmesinde nice emeği olan babası İbrahim Edhem Efendi'nin öğrettiği ve kalbine yerleştirdiği dini ve manevi kıymetlerle kendisini vatanın selametiyle istiklaline vakfetmeye yeminler eden?

O değil miydi, düşmanı bu topraklardan atmak için kendisi gibi ulema ile bir araya gelerek en ateşli gençlerin bile gösteremediği cesareti gösteren?

İşgalden önce mangalda kül bırakmayıp İngiliz zırhlılarını görünce ağızlarını dahi açamayanlara inat o günlerde ahalinin ruhlarına ümit telkin eden, çalınmadık tek bir kapı bırakmamaya gayret eden o değil miydi?

O değil miydi Anadolu Hareketi'ni yani Mustafa Kemal Paşa'yı destekleme amacıyla kurulan Karakol Cemiyeti gibi birçok gizli teşkilatla teşrikimesai yaparak, özellikle de Ankara'ya silah sevkıyatının sağlanması ve yüksek mevkideki önder kadronun kaçırılmasına büyük gizlilik içinde önayak olan?

Evet unutmamıştı, aradan geçen senelere rağmen o günleri dün gibi hatırlıyordu. Ne zaman gözlerini kapatsa ya da uyumak için başını yastığa koysa her an kapısı çalınacak ve işgalciler ya da içimizdeki düşmanlarla girdiği çarpışmada yaralanan bir vatan evladını saklaması ve iyileştirmesini isteyenler gelecek gibiydi. Zaten yeni bir cihan harbinin eli kulağında olduğu söylenmiyor muydu? Bu yüzden vazifesinin asla bitmediğini düşünüyordu. Hem bu topraklarda neferlik bitmezdi ki... Sulh zamanı da olsa, harp vakti de gelse evvel Allah her şeye hazırlıklıydı.

Ama yine de Allah bu millete yeni bir harbi göstermesin diye her namaz sonrası dualar ediyordu. Bu vatan evlatları nice badireler atlatmıştı, hiç olmazsa biraz soluklanmaları ve yüzlerinin gülmesi bu fedakâr milletin hakkıydı.

O günlerin hatıralarını gönlünden geçirerek gökyüzüne baktığında zamanında bizzat Mehmet

Akif'ten dinlediği ve adına "Birlik" dedikleri şiiri sessizce mırıldanmaya başladı.

"Cehennem olsa gelen, göğsümüzde söndürürüz
Bu yol ki Hak yoludur, dönmek bilmeyiz, yürürüz
Düşer mi tek taşı sandın harim-i namusun
Meğerki harbe giden son nefer şehit olsun.

Şu karşımızdaki mahşer kudursa, çıldırsa
Denizler ordu, bulutlar donanma yağdırsa
Bu altımızdaki yerden bütün yanardağlar
Taşıp da kaplasa afakı bir kızıl sarsa.

Değil mi cephemizin sinesinde iman bir
Sevinme bir, acı bir, gaye aynı, vicdan bir
Değil mi ortada bir sine çarpıyor, yılmaz
Cihan yıkılsa emin ol bu cephe sarsılmaz!"

Bu cephe sarsılmadı çok şükür diyerek mescitten içeri adımını attığında ayağa kalkan misafirlerine başıyla selam vererek onlardan oturmalarını istedi. Birkaç adım atmıştı ki eski dostlarıyla oturduğu ve memleketin ahvalini konuştukları köşeye bakmadan edemedi. Derin bir iç çektikten sonra oraya doğru yöneldi ve dostlarından kalan hatıraları özenle sakladığı dolabın kapağını yavaşça açtı.

İlk olarak Özbekler Tekkesi'ne 13 sayfa ayırma nezaketini gösteren Atatürk'ün Nutuk'unu eline aldı ve ona özenle dokunduktan sonra Gazi Paşa'nın daima muzaffer ve sağlıklı olması için dua etti. Şeyh Ata Efendi, tekke ve zaviyelerin kapatılma kararına rağmen Özbekler Tekkesi'ne dokunmayan ve onun daim kalmasını isteyen Paşa'ya sadık kalmaya yemin etmiş, onun aldığı kararlara her zaman saygı duymuştu.

Kitabı yine aynı özenle yerine koyduktan sonra, Fevzi Çakmak Paşa'nın kendisine hediye ettiği tespihe dokundu ve yakın zamanda ziyaretine gelecek olmasının sevinciyle gülümsedi.

Hem daha neler yoktu ki o dolapta. Halide Edib Hanım ve eşi Adnan Bey'in kendisine yazdığı mektuplar, İsmet Paşa'nın Ankara'ya gitmeden önce kendisine hatıra olarak bıraktığı köstekli saati, Mehmet Akif Ersoy'un "Şeyh Efendi'ye" diye imzaladığı *Safahad*'ı, Ali Fuat Paşa'nın babası İsmail Fazıl Paşa'nın kalemi, Osmanlı'nın namlı istihbaratçısı Kuşçubaşı Eşref'in fedaisi Musa'nın tabancası ve daha nice dostun hatıraları, emanetleri.

Dostlarını yeniden görmüş ve onlarla hasret gidermiş gibi onlara son bir defa daha baktıktan sonra dolabın kapağını yavaşça kapattı ve sabah namazını kılmak için kendisine güvenen ve tekkenin yoluna inanan müritlerinin arasından sakin adımlarla ilerleyerek en ön safa geçerek diz büktü ve ezanın okunmasını beklemeye başladı.

"Allahü ekber, Allahü ekber..."

Gözlerini kapatarak derin bir huşu içinde ezanı dinlerken birkaç damla gözyaşına engel olamadı ve ezanın bitmesiyle birlikte yavaşça gözlerini silerek ayağa kalktı. Niyet edip namazını kılmaya başlayıp secdeye vardığında gözünün önüne tekkeye dair anılar, çocukluğu, gençliği ve Milli Mücadele için yaptıkları geldi...

"Nerde görsen gönlü kırık
merhem ol sen
Öyle mazlum yolda kalsa
hemdem ol sen
Mahşer günü dergâhına
mahrem ol sen."

– Ahmed Yesevi

-II-

"Halkı sev; halkın güneşte gölgesi,
soğukta kaftanı, kıtlıkta ekmeği ol."

– Huziyanlı İsmail Ata

Üsküdar'dan Sultantepe'ye uzanan yokuşu çıktığınızda yolun bitimine yakın bir yerde, sağ tarafta, denize nazır koskocaman ahşap bir binada, Özbekler Tekkesi denilen yerde dünyaya gelmişti Ata Efendi.

Doğumu esnasında takvimler 1883 yılını gösteriyordu ve yıllar önce çocuk denilebilecek bir yaşta Özbekler Tekkesi'nin postnişine oturan baba İbrahim Edhem Efendi kendilerini ziyaret edip, çocuk için hayırdualar eden misafirlerini en iyi şekilde ağırlıyor ve onlarla birlikte Allah'a hamdüsenalar olsun diyerek, adına Ata dedikleri çocuğun geleceğinin hayırlara vesile olmasını ve vatan millet yolunda nice hizmetlerde bulunmasını niyaz ediyordu. Ayrıca yüzlerce yıldır süren bir geleneği devam ettirerek kapılarını herkese açacak, nereden geldiğini ve ne yapması gerektiğini asla unutmayacak bir evlat olmasını da yürekten istiyordu.

Çünkü hem kendisi hem de babası nereden geldiklerini ve ne için ayakta kaldıklarını asla unutmamışlardı. Biliyorlardı ki Özbekler Tekkesi, 1755 yılında Maraş Valisi Abdullah Paşa tarafından kurulan, Orta Asya'nın farklı bölgelerinden niyet edip hac vazifelerini yerine getirmek için yola çıkan ve Mekke'ye gitmeden önce Padişah'ı yani Halife'yi ziyaret edip hayırdualarını almak için İstanbul'a gelenlerin misafir edilmeleri ve gönüllerini hoş tutma maksadıyla inşa edilmiş bir Nakşibendi dergâhıydı.

Rivayete göre III. Mustafa da kendisini çadırlarında ağırladıkları için Özbeklere bir teşekkür olarak burada bir tekke yapılmasını arzu etmiş ve Abdullah Paşa'nın da aracılığıyla bu arzusu gerçek olmuş.

Kuruluşundan bu yana nice sultanın gönlüne girip, varlıklarıyla ahaliyi memnun eden tekke 19. yüzyıla gelindiğinde sırasıyla harem, selamlık, derviş hücreleri, konuk odaları, mutfak, mescit, bahçe ve mezarlık gibi eklemelerle tam teşekküllü bir tarikat tesisine dönüşmüştür. Sultan Abdülmecid ve Sultan

Abdülhamid tarafından da tadilatı yaptırılarak hiçbir şeyi eksik edilmemiş ve Allah rızası için birçok hayra vesile olarak nice dualar almıştır.

Özbekler Tekkesi nice padişah tarafından sevilir ve el üstünde tutulurdu. Şeyhlerin maaşları, tekkenin tadilat masrafları ve hatta erzak ihtiyaçları dahi devletin gelirlerinden karşılanırdı.

Ancak bunların karşılığında tekkenin devletin çıkarları aksine hareket etmesine müsaade edilmezdi, en ufak bir hoşnutsuzlukta gelirleri kesintiye uğrardı. Bununla beraber devlet tekkedeki dini tören ve ibadetlere müdahale etmez, bu konuda onlara serbestlik tanırdı. Devlet erkânındaki herkes bilirdi ki Özbekler Tekkesi nice insanı korumuş, onlara sahip çıkmış, çaresizlere el uzatmış kıymetli bir tekkedir. Bu yüzden daima gözetilmiş ve mali olarak desteklenmiştir.

Ata Efendi de böylesine önem atfedilen ve kıymet verilen bir yuvada gözlerini açmış, bunun getirdiği sorumluluklarla yetiştirilmeye başlanmıştır.

Mevsimler geçip, yıllar birer birer atlayıp Ata Efendi'yi de büyütünce babasıyla daha çok vakit geçirmeye başlar. Tekke'nin geleneklerini öğrenir, her pazartesi ve perşembe akşamı muhabbet odasında toplanılır, küçük yaştan itibaren oturduğu yerden sessizce zikirleri ve Nakşilere mahsus hatm-i hacegânı izlerdi. Bu esnada Allah'tan günahlarını bağışlamaları için 25 kez istiğfar edilir, 7 kez Fatiha Suresi,

79 kez İnşirah Suresi, 1001 kez İhlas Suresi okunur ve 100 kez salavat getirilirdi. Dualar okunurken sayıları karıştırmamak için kullanılan 1001 küçük taşın toplanma aşamasını da meraklı gözlerle izleyen Ata Efendi, sıranın teveccühe geleceğini anlardı. Edilen dualardan sonra yavaş adımlarla yanına gelip oturan babası tarafından gerçekleştirilen teveccüh; zihnin ve yüreğin tamamen Allah'a dönmesi anlamına gelmekteydi ve o esnada tekkenin postnişine oturmuş tüm şeyhlerin ruhlarına da dualar edilirdi. Toplantının sonunda da şeyh ve dervişler tarafından sırayla Ahmed Yesevi'nin Doğu Türkçesi ile yazdığı şiirlerin ilahi şeklinde terennüm edilmesine dikkat kesilir, zamanla alışır, ezberlemeye başlar ve yalnız kaldığı zamanlarda onları tekrar ederek babası gibi olmaya gayret gösterirdi.

Ama çocukluğunda en çok kandiller ile Kadir Gecesi'ni daha başka bir heyecanla beklerdi. Çünkü o gecelerde yanan ateşlerin üstündeki kazanların içerisinde daha önce hiç olmadığı kadar çokça et, bolca havuç ve ince kıyılmış portakal kabuklarının konulduğu Özbek pilavı pişirilirdi.

Ata Efendi ise o anlarda çocukluğun vermiş olduğu istek ve heyecanla herkesten önce pilavı yemek için annesinin yanına sokulur, yemek duası okunmadan yiyemeyeceğini bilse de her kandil ve Kadir Gecesi bu çabasından vazgeçmezdi.

Akşam olup, namazlar kılınıp, dualar edildikten sonra sofraya dizilen dervişler ve ziyaretçilerle birlikte bir de yemek duası edilir ve şeyh postnişine oturan babası İbrahim Edhem Efendi'nin pilavdan ilk kaşığı almasıyla birlikte diğer herkes sessizce yemeklerini yemeye başlardı. Daha sonra hep beraber zikir yapılır, neyzenler neylerini üfler ve ilahiler okunurdu. Tüm bunların arkasından herkes sessizleşir, Kadir Gecesi'ne münasip olmak üzere peygamberimizin mübarek Sakal-ı Şerif'i çıkartılır ve gelenler tarafından tek sıra halinde ziyaret edilirdi.

Ancak o yaşlarda Ata Efendi Sakal-ı Şerif'i ilk gördüğünde şaşırır, çünkü kare şeklinde cam bölmenin içinde duran kavanozun içinde sakal değil kapkara bir diş vardır. Şeyh babasına bunun hikmetini sorduğunda ise onun sakal olmadığını, peygamberimizin Uhud Savaşı'nda müşrikler tarafından kırılan dişi olduğunu öğrenir ve her Kadir Gecesi'nde onu görmek için sıra kendisine geldiğinde dikkatle bakar ve uzun uzadıya incelerdi.

Tekkenin bahçesinde oyunlar oynadığı günlerden birinde ise hamur teknesine benzettiği bir şeyin içerisine annesinin su döküp, eline aldığı fırçayla suyun üstüne boyalarla bir şeyler çizdiğini görünce meraklı gözlerle usulca onun yanına sokulmuştu. Onun merakını ve hevesini fark eden annesi ise bir yandan fırçasıyla suyun içindeki boyalara raks ettiriyor, diğer yandan da usulca oğluna bakarak ona ebru sanatını anlatıyor ve ondan aklına gelen ilk şeyi anlatmasını istiyordu.

Hayalinde canlandırdıklarını annesine heyecanla anlatan Ata Efendi, ortaya çıkan resimden sonra heyecanını gizleyemeyerek annesine sarılmış ve sonraki günlerde ebruya daha da merak salarak kendi başına resimler yapmaya başlamıştı.

Annesiyle birlikte geçirdiği güzel günler bir gün ansızın onun hastalanarak yatağa düşmesiyle son bulmuş ve bir daha ayağa kalkamayan annesinin cenazesinde onun için yaptığı ebruyu elinde sımsıkı tutarak gözyaşları içinde mezarına bir kürek toprak da o atmıştı.

Tekkeye döndüklerinde ise babasının oturduğu postnişin bulunduğu odaya dervişlerin ve ziyaretçilerin doluştuğunu görmüştü. Onu fark eden babası ise yerinden kalkarak onun yanına gelmiş ve önünde diz çöküp yanaklarını okşadıktan sonra elinden tutarak artık annesinin olmadığı yere doğru onu götürmüştü. Usulca babasının gösterdiği yere oturmuş ve yanlarına gelen dervişler ile ziyaretçilerin babasına gösterdiği hürmeti sessizce izlemişti.

Annesinin yokluğundan ötürü oğlunun mutsuz olduğunu ve artık ebruyla ilgilenmediğini gören Edhem Efendi, onu bu durumdan kurtarabilmek için ebrunun yanı sıra marangozluk, oymacılık, hattatlık, dokumacılık hünerlerini ona da öğretmeye başlamış, hatta türlü makineler icat etme becerisini de oğluyla paylaşır olmuş ve onunla daha fazla vakit geçirmeye başlamıştır. Bunların yanı sıra oğlunun dil öğrenmesi için de gayret etmiş ve kendisinin de bildiği Arapça, Farsça ve Çağataycaya dair eğitimler almasını sağlamıştır.

Ata Efendi, babasına "Hezarfen" denildiğini duymuştu. Hezarfen, yani: "Bin fen sahibi."

Hatta öyle ki gençliğinde babası Paris'te 1867 yılında düzenlenen uluslararası bir fuara icap etmiş, uzun uğraşlar ve çileli günlerden sonra tamamladığı buhar makinesini gelenlere takdim ederek, Avrupalıların beğenisini kazanmış ve madalya ile ödüllendirilmişti. Onun bu başarısını duyup gururlanan ve sarayda ağırlamak için davet gönderen Sultan Abdülaziz de ona türlü ödüller ihsan etmişti. Sadece ödüller ihsan edilmemiş, Sultan'ın övgülerine de mazhar olarak Dolmabahçe Sarayı için kumaşlar dokumaya başlamıştı. Saraya gönderilen her kumaştan sonra tekkenin gelirleri daha da artar olmuş, böylelikle nice ihtiyaç sahiplerine el uzatma imkânı bulabilmişlerdir.

Gel zaman git zaman hem tekkenin hizmetlerinden hem de İbrahim Edhem Efendi'nin maharetlerinden memnun kalan Sultan Abdülhamid, Yıldız Sarayı için de kumaş dokumasını ve çeşitli eşyalar yapmasını ondan istemiştir. Oğlunun da yardımlarıyla saray için yaptığı eşyalar Padişah'ın hoşuna gitmiş, takdirini göstermek için tekkeyi baştan aşağıya onartıp tadilattan geçirmiş ve kendi marangozluk becerileriyle yaptığı bazı eşyaları tekkeye göndermiştir.

Babasının maharetinden ve ustalığından etkilenen Sadrazam Midhat Paşa da kuruluşuna önayak olduğu ve desteğini hiç esirgemediği Mekteb-i Sanayi'nin imalat müdürlüğüne Padişah'ın da rızasını alarak İbrahim Edhem Efendi'yi tayin ettirir.

Yıllar geçip delikanlı olunca da babasının heyecanla giriştiği işlerde ona yardımcı olan Ata Efendi, bir gece ansızın kapılarının çalınarak babasının saraya götürülmek istendiğini duyunca endişelenmiş, Sultan hazretlerine bir kusurları mı olduğunu düşünerek usulca kapı arkasından bakarak, babasının zabitler tarafından götürülüşünü izlemişti.

Ertesi gün dervişlerden öğrenmiştir ki babası birkaç aylığına İstanbul'dan uzaklaştırılarak Mekke'ye gönderilmiş ve gönderilme gerekçesi olarak da Kâbe'nin onarılacağı ve o esnada onun maharetlerinden yararlanmak istenildiği söylenmişti. Ama sonradan öğrendiğine göre Kâbe'nin onarımı meselesi babasını İstanbul'dan göndermek için uydurulmuş bir bahaneden ibarettir.

Peki, babasına bunu neden reva görmüşlerdi?

Uzun süre düşünmüş ancak bu sorunun cevabını kendisi bulamamıştır. Dervişlere göre birileri tarafından babası saraya jurnallenmiştir. Rivayet o dur ya, yeni şeyler keşfedip icatlarda bulunan ve hatta türlü makinelerle ahaliyi şaşırtan babasının saraya olan yakınlığını kıskanan birisi onun Özbekler Tekkesi'nde gizlice birkaç adet top döktüğünü ve o toplarla Yıldız Sarayı'nı havaya uçuracağını söylemişti. Anlaşılan Sultan da bu mesnetsiz iddialara ehemmiyet vermiş ve babasını payitahttan uzaklaştırmıştı.

Sadece payitahttan değil, ondan yani oğlundan da babasını mahrum etmişti.

Zorlu geçen birkaç aydan sonra babasının tekrar eve geleceğinin müjdesini alan Ata Efendi, onu heyecanla beklemiş, geceleri gözüne uyku girmemişti. Hem ona söyleyeceği müjdeli bir haberi de vardı. Babası evden götürülmediği zamanlarda ondan bir konuda rıza almak istemiş ve tekke işlerini de aksatmamakla birlikte Mekteb-i Hukuk'ta okuma arzusundan bahsetmişti.

Oğlunun bu arzusunu memnuniyetle karşılayan İbrahim Edhem Efendi ise ondan sadece şunları istemişti: Okulunu başarıyla tamamlayacak, örfi ve şeri hukukun esaslarından asla şaşmayacak, doğrunun yanında olup, dimdik duracaktı. Amma velakin sadece bunlar da değildi elbette, gün gelip şeyhlik postnişine oturduğunda da buranın geleneklerini devam ettirecek, vatan ve millet uğruna ne gerekiyorsa yapacaktı.

Tüm bunları kalbine götürdüğü eliyle kabullenen Ata Efendi, babasının rızasını almanın verdiği huzur ve sevinçle onun elini öpmüş ve mektebe girebilmek için ilim üzerine çalışmaya devam etmişti.

Ve şimdi zorlu geçen aylardan sonra babasına tekrar kavuşunca ona müjdeli haberi vermiş, başarılı bir talebe olduğundan bahsetmişti. Onun bu başarılarından gururlanan baba İbrahim Edhem Efendi ise çoğu geceler onunla hukuk sohbetleri yapmaya başlamış, diğer yandan da oğluyla birlikte Özbekler Tekkesi'ni bir ilim ve sanat merkezi haline getirmeye devam etmişti. Öyle ki o devrin önde gelen ilim adamları ve sanatçılar, yeniden tekkenin müdavimi olmuşlar ve ziyaretlerini hiç aksatmadan yapmaya başlamışlardır.

Ayrıca geçmişte olduğu gibi, hilafet merkezi olan İstanbul'a gelen Orta Asyalı hacıların uğrak merkezlerinden birisi olmaya devam ediyordu. O dönemde hac yolculuğuna çıkan hacılar kervanlarla İstanbul'a geliyorlardı ve ülkelerinin ya da milletlerinin isimleriyle anılan tekkelerde konaklıyorlardı. Bu yüzden zamanla İstanbul'un çeşitli yerlerinde Hindu, Afgan ve Özbek tekkeleri açılmıştı. Ve o dönemin kayıtlarına göre İstanbul'da beş tane Özbek tekkesi vardı ama bunlar içerisinde hiç şüphesiz en önemlisi ve bilineni, günümüzde de varlığını sürdüren ve Üsküdar, Sultantepe'de bulunan Ata Efendi'nin yuvası ve emaneti olan tekkeydi.

Ata Efendi hukuk tahsiline devam ederken, baba İbrahim Efendi ise İstanbul'a geldiği günden beri resmi bir görev almamış, devlet desteği talebinde de bulunmamıştır. Tekke mensuplarını ve gelen misafirleri geçindirmek için bildiği el sanatlarını icra ederek hayatını kazanmaya çalıştı ve kapısına gelenlere faydalı olabildiği her gün için Allah'a şükretti.

Hukuk tahsilinin son demlerinde Ata Efendi'yi üzen ve onu bir müddet derin bir yalnızlığa salan bir olay yaşanmıştı. Tekkenin mescidinde, yatsı namazı esnasında babası İbrahim Edhem Efendi secdeye varmak üzereyken dengesini kaybedip yere düşmüştü. Babasını öyle gören Ata Efendi ise yüreği sıkışarak onun yanına doğru eğilmiş, ancak babasının son nefesini vererek kavuşmayı çok arzuladığı Rabb'ine ruhunu teslim ettiğini anlamıştı.

Ertesi gün öğle namazını müteakip cenaze namazı kılınan İbrahim Edhem Efendi'nin naaşı tekkenin haziresine defnedilmişti. Ölüm ne vakit tecelli eder bilemediği için daha önceleri oğluna birkaç vasiyette bulunmuştu. Bunlar Kâbe'nin içinde ve dışında işçilerle beraber çalışırken kullandığı ve beraberinde İstanbul'a getirip başka hiçbir yerde kullanmayıp sakladığı ve "Mucib-i şefaat olur" ümidiyle öldüğü zaman kendisiyle birlikte gömülmesini istediği bir malaydı. Diğeri ise son zamanlarda yaptığı bazı eserlerin bir dolabın içinde korunmasıydı ve o dolabın üstüne de metni kendisine ait olan, "Nakışlar dolapta saklıdır, bunları yapan da toprakta gömülüdür" anlamındaki Arapça beytin yazdırılmasıydı.

Her iki vasiyeti de yerine getirilmiş, dolaba yazdırılmasını istediği yazı da ebru talebelerinden hattat Aziz Rifai Efendi tarafından ustalıkla oraya nakşedilmişti.

"Ümitsizlik diyarına gitme, ümitler var.
Karanlığa varma güneşler var."

– Mevlana Celaleddin-i Rumi

-III-

"Kendin için sevdiğin, istediğin şeyi,
insanlar için de sev, iste..."

– Yunus Emre

Babası İbrahim Edhem Efendi'nin ölümünün üzerinden 14 yıl geçmişti...

21 yaşındayken Özbekler Tekkesi'nin postnişine oturduğu günden beri hem bir şeyh hem de hukuk fakültesi hocasıdır. Her iki taraf için de farklı sorumlulukları vardır ve yapması gerekenleri yerine getirmeye gayret etmektedir.

Üstelik bu esnada dört yıl sürmesine rağmen koca bir ömür gibi geçen ancak izleri henüz silinmeyen bir cihan harbine de tanıklık etmiştir.

Zor şartlara rağmen, tekkenin vatana ve millete hizmet etme amacını asla unutmamıştı. Savaşta yaralananlara, sakat kalanlara, gidecek bir evi olmayanlara tekkesini açarak onlarla gönül birliği kurmuştu. Ayrıca bu süre zarfında evlenmiş, Bedia ve Belkıs adında iki kız çocuğu sahibi olduğu için her gece Allah'a şükretmişti. Çünkü kızlarının varlığı ona umut olmuş, içindeki mücadele azmini daha da artırmıştı.

Ancak cihan harbi yıllarında İstanbul, düşmanların hedefi olmuştur. Osmanlı Devleti'nin bir an önce savaştan çekilmesini ve teslim olmasını isteyen İtilaf Devletleri gece gündüz demeden şehirdeki masum halkın üstüne bomba yağdırmaya başlamıştır. Üst üste birkaç gün boyunca düşen bombaların çıkarttığı gürültüden korkup ağlayan çocuklarının sesiyle uyanan Ata Efendi, içinde bulunduğu ve toplantılarına katıldığı İttihat ve Terakki Cemiyeti'ne giderek bu duruma bir hal çare bulunmasını ister. Cemiyetin mensupları ise cephelerde yenik düştüklerini, artık savaşı kaybettiklerini kabullenmelerini ve bir barış görüşmesi yapılmasını önereceklerini söyler.

Bu öneriler sonucunda İtilaf Devletleri'nin istediği görüşme Mondros'ta gerçekleştirilir ve 30 Ekim 1918 tarihinde ateşkes antlaşması imzalanır. Yapılan bu antlaşma birçok kişiyi endişelendirir, bunlardan birisi de Şeyh Ata Efendi'dir. Çünkü antlaşmaya göre ortada bir devlet de, bir ordu da, askerin kullanabileceği tek bir silah da kalmamaktadır.

Antlaşmadan sonra memleket dahilinde yaşama şansları olmayacağını anlayan İttihat ve Terakki Cemiyeti kendini lağveder. Enver, Talat ve Cemal Paşalar da can güvenliklerini gerekçe göstererek ülke dışına çıkarlar.

Tüm bu yaşananlardan sonra endişelenenlerin haklı olduğu 13 gün sonra daha iyi anlaşılır. Çünkü onları asıl endişelendiren maddeler işgal güçleri tarafından uygulanmaya başlanmıştır.

Mondros Ateşkes Antlaşması'nın 7. maddesi, "İtilaf Devletleri, güvenliklerini tehdit edecek bir durumun ortaya çıkması halinde herhangi bir stratejik yeri işgal etme hakkına sahip olacaktır" ve 24. maddesi, "Altı vilayet adı verilen yerlerde bir kargaşalık olursa, vilayetlerin herhangi bir kısmının işgali hakkını İtilaf Devletleri haiz bulunacaktır" demektedir. İşgalci güçler de bu maddeleri bahane ederek, uydurdukları türlü gerekçelerle vatan topraklarına asker çıkarmaya başlarlar.

Bu durum vatanseverlere silahlı mücadeleden başka bir yol bırakmamıştır. Tek yol Anadolu'ya geçip mücadele etmektir. Sadece asker ve sivillerin değil, Anadolu'da ihtiyaç duyulan silah ve cephaneliğin de kaçırılması şarttır. Boğazların denetimi de İtilaf Devletleri'nin elinde olduğuna göre tek yol karayolu olarak gözükmektedir...

Tüm bunlardan habersiz her sabah olduğu gibi sabah namazından sonra etrafa göz atmak için saçaklı verandaya çıkan Ata Efendi, Boğaz'a demirleyen gemileri görünce kıyamet bugündür ya Rabbi der ve ellerinin titremesine engel olamayarak gördüğü kadarıyla gemileri tek tek saymaya başlar.

Daha sonra bu böyle olmaz diyerek tekkesinde misafir ettiği savaş gazilerinin ve dervişlerinin muhabbet odasında toplanmalarını ister. Boğaz'da gördükleri gemilerden dolayı kinlenen ve içlerindeki savaşma ateşini yeniden harlayan gaziler ve dervişler ise bu durum için nasıl bir hal çare bulunacağına dair şeyhlerinden bir işaret beklerler.

Ata Efendi onları gruplara ayırır ve çok fazla dikkat çekmeden gemilere ve düşman askerlerine dair kendisine malumat getirmelerini ister. Bütün gaziler memlekete ve millete faydalı olabilmek umuduyla saygıyla baş büküp, Şeyh Ata Efendi'nin huzurundan ayrılarak kendilerine tevdi edilen vazifenin peşine düşerler.

Koca bir devletin ve mazisi binlerce yıla dayanan bir milletin akıbeti böyle olmamalıydı diye düşünen Ata Efendi, bu düşüncelerle verandaya çıkıp yeniden Boğaz'a baktığında gemilerin sayısının her geçen vakit daha da arttığını fark eder ve gazileriyle dervişlerinin kendisine bir an önce malumat getirmelerini bekler.

Ata Efendi o akşam öğrenir ki İtilaf Devletleri Donanması, 7 Kasım'da mayınları temizlemek ve savaşın izlerini silmek bahanesiyle Çanakkale Boğazı'ndan geçip 13 Kasım 1918 tarihinde İstanbul önlerine demir atmışlardır. Gazilerin ve dervişlerin dediğine göre sayıları ilk önce 61 olan bu harp gemilerine akşama doğru 11 tanesi daha eklenmişti ve içlerinden bir tanesi de Yunan zırhlısıydı. Böylelikle Boğaz'a demirleyen savaş gemilerinin sayısı 73 olmuştu.

Ata Efendi devamında anlar ki bu işler sadece savaş gemileriyle sınırlı kalmamıştır. İtilaf filosundan çoğu İngiliz binlerce asker karaya ayak basarak, İstanbul'da devlet daireleri ile gözlerine kestirdikleri diğer binalara yerleşmeye başlamışlardı. Devamındaki malumatlar bunlarla da sınırlı olmadığını bildiriyordu, anlaşılan o ki Rumeli yakası İngilizler ile Fransızların, Anadolu yakası da İtalyan askerlerin kontrolüne geçmeye başlamıştı. Hatta işgal komutanı Maitland Wilson, Beyoğlu'ndaki İngiliz Kız Lisesi'nde törenle karargâh bile kurdurmuştu.

Tüm bu kara haberlerin yanında hem Ata Efendi'ye hem de odadaki gazilere ve dervişlere öyle bir malumat ulaştırılır ki öğrendikleri andan itibaren içlerinde bir direniş umudu yeşerir.

Onun ismi bile dağıtılan orduları bir araya getirmek için yetecektir.

Çünkü o Çanakkale Kahramanı Mustafa Kemal Paşa'dır.

Düşman savaş donanmasının İstanbul önlerine demirlediği sırada Haydarpaşa Garı'na ulaşmış ve gemileri gördüğünde yanındakilere dönerek "Geldikleri gibi giderler!" sözünü söylediği kulaktan kulağa yayılır olmuştu.

Ata Efendi, Mustafa Kemal Paşa'nın ve diğer vatansever insanların bu duruma mutlaka bir hal çare bulacaklarını düşünüyordu. Ayrıca kendisinin ve tekkesinin bu uğurda payına ne düşecekse onu da ne pahasına olursa olsun şimdiden göze alıyordu.

Şeyh Ata Efendi ve tekke mensupları, öncelikle İstanbul'da ateşkesten hemen sonra yaşanacakları adeta öngörmüş gibi kurulan ve daha sonra Anadolu'nun işgalden kurtarılmasına yönelik de çalışacak olan gizli Karakol Cemiyeti ile temasa geçerler. Cemiyetin kurucusu ve başkanı olan Kara Vasıf ile İttihat ve Terakki günlerinde tanışmışlardır.

İlerleyen günlerde Avukat Refik İsmail Bey'in Sultanhamam'daki yazıhanesinde bir araya gelen Ata Efendi ve Kara Vasıf Bey arasında ilk görüşme gerçekleştirilir. Kara Vasıf Bey, tekkede savaş tecrübesi olan müritler olduğundan haberdardır ve bu direniş esnasında onların büyük faydaları olacağından da emindir. Ata Efendi ise Şişli'deki evinde bulunan Mustafa Kemal Paşa'yla da konuşmak istediğini ve onun emirleri doğrultusunda harekete geçme arzusunda olduğunu dile getirir.

Kara Vasıf yakın zaman içinde ordudaki üst düzey komutanlarla birlikte Şişli'deki eve gidileceğinden ama bunun için güvenliğin nasıl sağlanacağına dair anlaşmazlıklar yaşandığından bahseder. Şeyh Ata Efendi ve tekke mensupları için bu kendilerini gösterebilmek adına önemli bir fırsat olarak görülür. Toplantı günüyle vaktini kendilerine söylerlerse eğer gerekli tüm güvenlik önlemlerini alacaklarına ve böylelikle her şeyin yolunda gideceğine dair güvence verirler.

Şeyh Ata Efendi ile Özbekler Tekkesi'ne itimadı tam olan Kara Vasıf Bey ve yardımcısı Galatalı Şevket ona güven ve umut telkin eden sözler söyler ve kendilerinden haber beklemesini isterler.

İki ay gibi uzun bir süreden sonra beklediği haberi alan Şeyh Ata Efendi, tekkeye bağlı ve eli silah tutan adamlarını hazırlar ve Paşa'nın Şişli'deki evine çıkan tüm yolları İngiliz ve Fransızların dikkatini çekmeden tutmaları için tembihler.

Akşam olup farklı yollardan gidip belirlenen yollarda buluşmak için sözleşen adamların her biri kömür ve tomruk taşıyıcıları olarak gözükürdü. Atlarla çekilen arabalarda kömürlerin ve tomrukların altına saklanan silahları onlardan başka kimse bilmezdi.

Özbekler Tekkesi'ne gelen Kara Vasıf ise toplantıya dair Şeyh Ata Efendi'yi bilgilendirmiş, ikisinin Şişli'ye aynı arabayla gideceğini söyleyerek toplantıya katılacaklarının haberini vermişti. Güvenliğin yanı sıra toplantıya da katılacağını öğrenen Ata Efendi, Mustafa Kemal Paşa'yı göreceği için sevinmişti. Ona söylemek istedikleri vardı ve tekkesiyle beraber onun yanında olduklarını bilmesi gerektiğini düşünüyordu.

Kara Vasıf ile yola çıktıklarında yolda kendilerini birkaç kere İngiliz zabitleri durdurmuş, şüpheci gözlerle onlara bakmıştı. Ama her seferinde Kara Vasıf'ın onlara gösterdiği bir belge sayesinde yollarına devam etmelerine müsaade etmişlerdi. Vasıf'ın söylediğine göre o belgeyi Genelkurmay'da çalışan Karakolcular hazırlamış ve Galatalı Şevket aracılığıyla kendisine vermişlerdi. Daha sonra öğrendiğine göre o belge, Padişah'ın güvenilir isimler olarak İngilizlere bildirdiği kişiler için veriliyor, İtilaf Kuvvetleri adına nihai mührü de İngiliz Yüzbaşı John Godolphin Bennett vuruyordu.

Üsküdar'dan Şişli'ye doğru temkinli bir yolculuktan sonra yoldaki kömür ve tomruk taşıyan arabaları görünce içi rahatlamıştı Ata Efendi'nin. Tekke mensupları sağ salim yerlerini almışlar, kendisini mahcup etmemişlerdi.

Arabadan inince onları Mustafa Kemal Paşa'nın yaveri Cevat Abbas Bey karşılamış, konukların bir kısmının geldiğini söylemişti. Şeyh Ata Efendi ve Kara Vasıf merdivenlerden yukarı çıktıklarında büyük salondan gelen sesleri duyunca Paşa'nın yaveri tarafından oraya doğru yönlendirilirler ve kısa bir sessizliğin ardından içeri girerler.

Şeyh Ata Efendi içeriye göz attığında başköşede Mustafa Kemal Paşa'nın oturduğunu görür ve ona bir baş selamı vererek kendisine gösterilen yere doğru ilerleyerek yavaş hareketlerle oturmaya başlar. Odada Hamidiye Kahramanı Rauf Bey ile 20. Kolordu Komutanı Ali Fuat Paşa da bulunmaktaydı. Paşalarla kısa süreli bir hal hatır konuşması yapıldıktan sonra içeriye o dönemin Osmanlı Savunma Bakanlığı Müsteşarlığı görevinde bulunan Albay İsmet Bey ile Osmanlı Genelkurmay Başkanlığı görevini yürüten Fevzi Paşa da girer.

Onlarla aynı yerde bulunmak Ata Efendi'yi heyecanlandırır. Mustafa Kemal Paşa, bir direniş için Anadolu'ya geçme fikrinden bahseder ve herkesin görüşünü almak ister.

Ali Fuat Paşa vaziyetin iyi olmadığını, Anadolu'da anarşinin hüküm sürdüğünü söyler ve en küçük kasabada bile İttihatçılık ve İtilafçılık mücadeleleri yaşandığını belirtir. Bu durumun düşmanları memnun ettiğine de değinerek, içimizdeki hainlerin bir kısmının Anadolu'da ciddi bir subay düşmanlığı başlattığına da değinir. Rauf Bey ve Fevzi Paşa'nın da görüşlerini dinleyen Paşa, daha sonra ayağa kalkar ve odadaki masanın yanına gider. Masanın üstündeki haritayı dikkatle inceledikten sonra İsmet Bey'i yanına davet eder ve Anadolu'ya gitmek için en iyi yolun hangisi olduğunu ve bir direniş hareketine girişmek için en elverişli bölgenin hangisi olduğunu sorar. İsmet Bey ise Anadolu'ya geçme kararının alındığını anlar ve "Anadolu'ya gitmek için bir sürü yol ve bir sürü de yer var. Ne yapacağınızı bana ne zaman söyleyeceksiniz?" diye sorunca, Paşa'dan "Zamanı gelince..." karşılığını alır.

Daha sonra Şeyh Ata Efendi'ye doğru dönen Mustafa Kemal Paşa, ondan ve tekkesinden övgüyle bahseder, direniş için neler yapabileceklerini sorar. Ata Efendi, işgal kuvvetlerinin henüz tekke, mescit ve camilerden fazla şüphelenmediklerini söyler ve devlete ait silah depolarının üçte birlik kısmının İstanbul'da bulunmasının önemine değinir. Karakol Cemiyeti'nin de desteğiyle depolardaki silahları kaçırıp saklayabileceklerini ve Anadolu'ya geçildikten sonra Özbekler Tekkesi olarak ihtiyaç duyulduğu kadar silah, mühimmat, adam ve istihbaratı gecikmeden kendilerine göndereceklerini belirtir.

Duyduklarından memnun olan Paşa, Özbekler Tekkesi ve Karakol Cemiyeti'nin işbirliği içinde hareket ederek muvaffak olmalarını ister ve kurtuluş mücadelesinde çok büyük hizmetleri olacağına dair inancını onların gözlerinin içine bakarak söyler.

"Eyleme dönüşmeyen söylemler hiçbir zaman kıymet taşımaz."

– Şeyh Sadi Şirazi

-IV-

"Zalim, gereken işi yapmayandır."

– Mevlana Celaleddin-i Rumi

15 Mayıs 1919 günü İngiliz desteğiyle Yunanlıların İzmir'e asker çıkartıp şehri kontrol altına aldığının ve yüzlerce Türk'ü katlettiğinin kara haberi gelir.

Haberi tekkenin bahçesinde otururken almıştır Ata Efendi. O esnada yanında Halide Edib Hanım'la eşi Adnan Bey bulunmaktadır. Halide Hanım'ın babası Edib Bey de tekkenin eski misafirlerindendi ve o zamanlar küçük bir çocuk olan Halide'yi de birkaç kere yanında getirmişti. Halide Edib Hanım, uzun bir aradan sonra eşiyle tekkeyi ziyaret etmek ve eski günlere dair konuşmak için gelmişti ancak bu haberden sonra daha fazla dayanamaz ve Ata Efendi'nin gözlerinin içine bakarak işgallere karşı Sultanahmet Meydanı'nda bir miting yapma isteğinden bahseder. Adnan Bey'in henüz bundan haberi yok gibidir, bu sözlerden sonra şaşırmış bir şekilde ona bakmaya başlar.

Ata Efendi ise Halide Edib Hanım'a bakarak nazikçe gülümser ve "Bunun da üstesinden geleceğinizden hiç şüphem yok, o gün ben de sizi izleyecek ve destek olacağım, Allah yardımcınız olsun..." diyerek memnuniyetini ve desteğini dile getirir.

Bu görüşmeden bir gün sonra ise Mustafa Kemal Paşa'nın Samsun'a gitmek üzere yola çıkacağının müjdesi gelmiştir. O gün tekke bahçesinde kurbanlar kesilmiş, gece olunca da tekke içinde sabaha kadar zikir yapılmış ve Paşa'nın başarısı için dualar edilmişti.

19 Mayıs'ta ise Paşa'nın ve beraberindeki heyetin sağ salim Samsun'a vardığı haberi gelince vakit kaybetmeden Karakol Cemiyeti ile bir araya gelinmiş ve İstanbul'daki silah depolarına yapılacak baskınlara dair planlar yapılmıştı. Ancak Kara Vasıf, sadece depolardaki silahların alınmasını yeterli bulmamıştır. İstanbul'daki vatansever hareketi destekleyen ahalinin de bu direnişe katılmasını sağlamaları gerektiğinde ısrarcı olur. Ayrıca kendilerinden yana olanları güvenli bir şekilde Anadolu'ya kaçıracak güzergâhların da belirlenmesini teklif eder. Ancak Ata Efendi'ye

göre öncelik depolar olmalıdır, Anadolu'daki direniş merkezi belirlenmeden güvenli yol güzergâhları belirlemek doğru olmayacaktır.

23 Mayıs 1919 tarihinde ise Sultanahmet Meydanı'nda, İstanbul'daki işgallere karşı ve Türklere yönelik soykırımı kınamak amacıyla büyük bir kalabalık toplanmaya başlamıştır. Özbekler Tekkesi'nin yoldaşları, müritleri ve ziyaretçilerinin de katkılarıyla Halide Edib Hanım kısa bir sürede sesini duyurabilmeyi başarmıştı. Meydana gitmeden önce de sabahın erken saatlerinde tekkeye uğramış ve Şeyh Ata Efendi'nin elini öpmüştü. Şeyh de İngilizlerin şüphesini çekmeyecek şekilde meydanda olacağını ve onu mutlaka izleyeceğini söylemişti.

Halide Edib Hanım meydana gittiğinde gördüğü kalabalıktan etkilenmiş, kalabalığın arasındaki genç üniversiteli öğrencilerin de halkla beraber olduğunu görmüştü. Sultanahmet Mitingi'nde kadın erkek en az 200 bin kişi toplanmıştı. Alanın ortasında siyah bir bayrak dalgalanıyordu.

Halide Edib Hanım, yanındakilere tek kelime etmeden heyecanını bastırarak son bir defa meydanı incelemeye başlar. Yavaş adımlarla kürsüye doğru çıkar, kendisi bunu bilmese de etrafında onu korumak için duran Özbekler Teknesi'nin gazileri, dervişleri ve Karakol Cemiyeti'nin fedaileri vardır. Şeyh Ata Efendi, böyle günlerde Halide Edib Hanım'ın korumasız kalmasına razı gelmemiş ve Kara Vasıf ile görüşerek mitingin güvenliğini sağlamak istemişti.

Meydandaki kalabalığı kısa bir süre inceleyen Halide Edib Hanım, daha sonra derin bir nefes alarak konuşmasına başlar. Sultanahmet'in bir ucunda Şeyh Ata Efendi, diğer ucunda da Kara Vasıf vardır ve konuşmayı büyük bir merakla dinlemeye başlarlar.

"Kardeşlerim, evlatlarım! Ruhu göklerde olan yedi yüz senelik şanlı tarihimiz bu minarelerden bugün, Osmanlı tarihinin faciasını seyrediyor. Bu muazzam, bu tarihi meydanda, zafer alayları tertip eden ecdadımızın ruhu bizi seyrediyor. Dünyaların öbür ucuna at süren namağlup erlerin evlatları önünde baş eğiyor ve yemin ediyorum: Ben, Müslüman tarihinin bedbaht bir kızıyım. Bugün de dünkü kadar kahraman ve talihsiz Türk milletinin anasıyım. Millet namına, ecdadımızın bizi seyreden ruhlarına yemin ediyorum. Bugün, kolları kesilmiş olan Türk'ün kalbi, eski cesaret ve şecaatini kaybetmemiştir. Yemin ediyorum ki Osmanlı sancağına, tarihine hıyanet etmeyeceğim. Allah'a, hakka, milletlerin ilahi hakkına dayanan Türk milleti, bütün Müslüman ve Türk dünyasına ilan ediyorum. Davamızı ilan ediyorum.

Türklere zalim diyenler öyle günah işliyorlar ki tarihin karşısında onların günahlarını, bütün denizlerin bitmez tükenmez suları bile yıkayamayacaktır.

Bugün karşımızda yükselen ses, Müslüman kardeşlerin sesidir. Esaret boyunduruğu can damarlarına geçmiş olan milletler, bizim felaketimiz karşısında gür sesleriyle bağırıyorlar. Ben, kardeş Müslüman dünyasına, sizin namınıza hitap ediyorum. Davamız şudur: Zaten elinden tutanları kalmayan, ellerini, bacaklarını kaybeden gazilerimiz, şehitlerimiz namına davamızı ilan ediyorum. Bu davamız da, Türklerin hak ve istiklalidir. Türkler, Türkiye'nin ebedi haklarına asla dokundurmayacaklar; yarın, Hakk'ın mahkeme-i kübrası önünde zalimlerin hepsi mahkemeye çekilecek; onlara, bizim kanlarımızı döktürdünüz diyecekler. İşte kardeşlerim, işte evlatlarım, davanızdan kaçmayınız. O gün size hak verecekler. Bugün iki dostunuz vardır: Birisi, kalbi, mabetleri bizimle beraber olan Müslüman dünyası; diğeri, zalimleri yakasından sürükleyecek büyük milletlerdir.

Kardeşlerim, evlatlarım! Osmanlı toprağında böyle muazzam, böyle tarihi bir gün belki bir daha idrak etmeyeceğiz. Evlatlarım, öyle bir gün olur da bir daha toplanamazsak, içimizde ölenler olursa, Türk'ün istiklal bayrağı ile mezarı üzerine geliniz. Eski tarihimizin, bu muazzam minarelerin bahşettiği tarihimizin en asil, en terbiyeli vakarımızı asla unutmayacağız! Yemin ediniz!

Yedi yüz senelik minarelerin mavi semalarıyla bize baktığı bugünlerde Osmanlı bayrağı, Osmanlı hakkı için can vermekten çekinmeyeceğinize yemin ediniz!"

Bu konuşmadan sonra kalabalık coşkuyla yemin eder. Ortaya çıkan seslerden ve Halide Edib Hanım'ın sözlerinden rahatsız olan İngiliz Yüksek Komiserliği'nden Yüzbaşı Bennett durumu saraya bildirir ve bu gibi olaylar tekrarlanırsa kalabalıkları zor kullanarak dağıtacaklarını söyler.

Mitingden sonra olacakları hisseden Şeyh Ata Efendi ise müritleri aracılığıyla Halide Edib Hanım ve Adnan Bey'e haber gönderir, acele bir şekilde toparlanarak derhal Özbekler Tekkesi'nde bir müddet misafirleri olmasını ister. İstanbul'da korumasız bir şekilde durmaları onlar için tehlikeli olacak gibidir, bu yüzden direniş merkezi belirlenince onları Anadolu'ya kaçırmak için ne gerekiyorsa yapılacaktır.

Mitingden iki gün sonra Damat Ferit Hükümeti tarafından bütün gösteriler yasaklanır. İstanbul'da düzenlenen gösterilere tepkili olan işgalci güçler, 28 Mayıs 1919'da 67 Türk devlet adamını Malta'ya sürer. Her şeye rağmen halkı hazır etmek isteyen Şeyh Ata Efendi ise gündüzleri çarşıları, kahveleri gezer ve halka moral vererek 30 Mayıs 1919'da, Sultanahmet Camii'nde toplanmalarını ister ve İzmir şehitleri için dua edilerek, mevlit okutulmasına vesile olur. Halkın bu toplantısı gösteri halini alır ve dağıtılan bildiride özetle şunlar yazar: "İzmir facialarını öğren. Anadolu senin kararını bekliyor. Haksızlıklara karşı feryat et. Âlemin vicdanına hitap eden heyecanlarınla hakkını müdafaaya ve parçalanan vatanın imdadına koş. Bu gösteride kurtarıcı kararlarını ver ve kurtuluşun için çalışmaya yemin et."

Bildiriyi kaleme alan, Özbekler Teknesi'nde misafir edilen Halide Edib Hanım'dır. İşgal güçleri tarafından kendisinin ve eşinin üzerine birer çarpı işareti konulmuş ve aranmaya başlanmışlardır. Ancak henüz Tekke'den şüphelenilmediği bilinmektedir, Karakol Cemiyeti'ne bağlı muhbirler tarafından Kara Vasıf'ın talimatıyla belli aralıklarla Şeyh Ata Efendi'ye malumatlar verilmekte, ona göre hazırlık yapmaları istenmektedir.

"Sıkıntılı günler birlik ve beraberlikle aşılabilir. El ele verince güzel günler çabuk gelir."

– Hacı Bektaş Veli

-V-

"Bölüşürsek tok oluruz
Bölünürsek yok oluruz."

– Yunus Emre

Şeyh Ata Efendi, her şeye rağmen eğitimlere devam etmeye kararlı olarak okuluna ve öğrencilerine gidiyor, memleketin gidişatına ve geleceğine dair fikir alışverişlerinde bulunarak direniş umudu olan öğrencilerini aklının bir köşesine yazıyordu. Düşmandan kurtulmak için kendini vatan ve mücadele yoluna adayacak her birey hem bugünler hem de yarınlar için çok önemlidir.

Dersini anlatıp tekkeye doğru yola çıktığı günün birinde ise kendisini İsa'nın gönderdiğini söyleyen bir adamla karşılaşır. "Beni İsa gönderdi", Karakol

Cemiyeti'nin kullandığı parolalardan biridir ve oradaki İsa, cemiyetin en mühim adamlarından birisi olan Galatalı Şevket'in kod adıdır.

Koluna giren adamla birlikte yürümeye başlar Ata Efendi ve bir sokağın başına geldiklerinde gözlerini bağlayıp onu bir daha asla göremeyeceği bir yere götürür. İçeri girdiğinde göz bağı çözülür, geniş bir odanın yüksek bir kürsüsünde Kara Vasıf'ın kendisine baktığını görür ve eski bir İttihatçı olan kendisinin onların karşısına böyle getirilmesine bir anlam veremez.

Odada cemiyetin namlı isimleri bulunmaktadır. Hepsini orada gördüğü için hem sevinir hem de şaşırır. Kimler yoktur ki... Albay Galatalı Şevket, Kara Kemal, Binbaşı Ali Çetinkaya, Yenibahçeli Şükrü Oğuz, İpsiz Recep, Bulgar Sadık, Dayko, Yüzbaşı Nail, Yalovalı İbo, Gebzeli Rıfat Kaptan, Kuşçubaşı Eşref ve Eşref'in sadık dostu Musa. Sonunda gelişinle birlikte tamamlandık dercesine hepsi ona bakmaktadır.

Vatanın selameti ve birliği için toplanan her biri nam salmış bu isimler Anadolu'ya geçen Mustafa Kemal Paşa ve arkadaşlarına nasıl yardım edebileceklerini konuşmaya başlarlar. Anadolu'daki direnişin merkezi belli olunca, her biri kendilerine bağlı isimler aracılığıyla güzergâhların güvenliğini sağlayacaklardır.

Saatlerce süren toplantıdan sonra alınan kararlar herkesi memnun eder, özellikle de Ata Efendi büyük bir gönül rahatlığıyla oradan ayrılır. Çünkü tekkesinin ve dervişlerinin üstleneceği vazife belki de tarihlerinde görmedikleri kadar mühimdir, kutludur.

Anadolu'ya gitmek isteyenler güvenilir kişilerden seçilecek, öncelikle cemiyetin olur vereceği kişiler Özbekler Tekkesi'ne gönderilip uygun zaman gelene kadar misafir edileceklerdi. Özellikle Erzurum'da gerçekleştirilecek kongre sonrası Anadolu'ya geçişler için güvenli gördükleri güzergâhların emniyetlerinin sağlanması için ne gerekiyorsa yapılacaktır.

Genelkurmay'da görevli olan Galatalı Şevket ise Anadolu'ya gönderilecek subaylar için resmi bir görev kâğıdı hazırlayacak, gerekli malumatları almaları ve hazırlıkları tamamlamaları için de Özbekler Tekkesi'nde misafir edilmelerini sağlayacaktı. Şeyh Ata Efendi de tekkesine gelecekleri "Beni İsa gönderdi" parolasını duyduktan sonra içeri alacak, kalan eksikleri varsa onları tamamlayacaktı.

Vazifeler bununla da sınırlı kalmayacaktı. Şeyh Ata Efendi ve tekkesine bağlı dervişler sabah namazını kıldıktan sonra vakit kaybetmeden öncelikle Üsküdar'ın çarşı ve kahvelerini dolaşacaklar, eli silah tutabilecek her yaştan insanın gönlüne direniş umudunu ekecek ve bu davaya gönül vermeye niyetli olan kişileri tespit ederek öncelikle Karakol Cemiyeti'ne bildireceklerdi.

Karakol, tekke tarafından kendilerine bildirilen isimler hakkında detaylı bilgi toplayacak, direniş için faydalı olur denilenleri vakit kaybetmeden Şeyh Ata Efendi'ye bildirecekti. Anadolu'ya kaçırılacak olanların kimi zaman on beşer, kimi zaman da yirmişer kişilik kafileler halinde olmasına da karar verilmişti.

Güvenli geçişler için tüm tedbir önerileri tecrübeli istihbaratçı Kuşçubaşı Eşref ve onun yetiştirdiği isimler aracılığıyla bildirilecek, Özbekler Tekke-si'nin dervişlerinden de gerekli yardımlar görülecekti. Kafileler halinde Anadolu'ya gidişleri kolaylaştırmak için Çamlıca'nın eteklerinden gitmek uygun görülmüştü.

İstanbul'daki silah depoları da haritalar üzerinde işaretlenmiş, toplantıda bulunan herkes ellerindeki güçlerle birlikte varlarını yoklarını silahların depolardan taşınması için göstermeye yemin etmişlerdi. Büyük bir gizlilik içinde yapılması planlanan baskınlarda eğer yolunda gitmeyen gelişmeler olursa zor kullanmaktan da çekinmeyecekler, bu uğurda şehit olmak gerekirse onu da olacaklardı. Muvaffak oldukları takdirde silahlar ve cephaneler büyük bir sükûnetle ve vakit kaybetmeden Üsküdar Meydanı'nda bulunan Nakkaşi Karakolu'nu işgal eden İtalyan jandarmalarının dikkatlerini çekmeden taşınacaktı.

Taşınacak silahların hepsinin tekkede saklanmasının imkânı yoktu elbette. Bunun için bir çare bulmak isteyen Şeyh Ata Efendi, Libadiye'de bulunan ve çok eskilerden beri tanıdığı olan göz doktoru Esad Paşa'yı ziyaret eder ve münasip görürse kurtuluş yolunda depolardan kaçıracakları silahların bir kısmını onun çiftliğinde saklamak istediklerini söyler. Bu tekliften memnunluk duyan Esad Paşa, hem çiftliğin hem de kendisinin tekkeyle cemiyetin hizmetinde olduğunu söyler ve Ata Efendi'yi duygulandırır.

Bu ziyaretten sonra Ata Efendi'nin aklına bir de Kısıklı imamı Nuri Hoca gelir. Vakit kaybetmeden tez zamanda onun yanına da gider ve bu uğurda yapılacak fedakârlıkların öneminden bahseder. Nuri Hoca anlatılanlar karşısında heyecanlanır ve sevinç gözyaşlarına engel olamaz. Ata Efendi'nin koluna girerek yürümeye başlar, evinin yakınındaki mezarlığı gösterir ve getirilecek silahlar için en münasip yerin orası olacağını söyler. Ata Efendi, mezarlığa göz gezdirir, ölmüşlerin ruhuna fatiha gönderir ve silahları onlara emanet edecek olmanın huzuruyla Nuri Hoca'ya sarılır, tekkeye döner ve o gece uzun bir aradan sonra kendisini iyi hisseder.

Ertesi gün aldığı haberle sonunda gazaya çıkacak olmanın gururunu yaşar ve dervişleriyle bir araya gelerek o akşam baskın verecekleri depolardan bahseder. Dervişler sakin bir şekilde şeyh buyruğunu kabullenir, arabalarını hazırlar, silahlarını yerleştirir ve bir tüccar kafilesi gibi yola çıkarlar. Güzergâhları Selimiye Kışlası yakınlarında olan ve İtalyanlar tarafından kontrol altında tutulan silah deposu olacaktır. Böylelikle ilk hareket başlamış olacak, başarılı oldukları takdirde düşmanların yüreklerine korku salacaklardı.

Şeyh Ata Efendi de o akşam yola çıkmadan önce namazını kılar, babasının ve dedelerinin mezarlarını ziyaret eder, onlar için dualar ettikten sonra silahlarını kuşanır ve dervişlerinin karşısına çıkar. Onları ümitlendiren ve cesaretlendiren bir konuşma yaptıktan sonra gidecekleri yerde Kuşçubaşı Eşref ile Kara Vasıf Bey'in adamlarıyla birlikte onları bekleyeceğini söyler.

Selimiye önlerine herhangi bir sorun olmadan giderler. Kuşçubaşı'nın belirlediği plan doğrultusunda depoyu yavaş yavaş kuşatmaya başlarlar. İtalyanlar ne olduğunu ilk anda anlayamaz, böyle bir baskın ihtimalini hesaplayamamışlardır. Deponun korunmasının beklenilenden de zayıf olduğunu fark eden milli güçler, hızla İtalyan askerlerini etkisiz hale getirir ve onları esir alırlar. Tüm dikkatlere rağmen yine de istenmedik olaylar yaşanmaz değil...

İtalyan askerlerinden bazılarının çabuk davranması sonucu tekkenin dervişlerinden bazıları yaralanır. Ortaya çıkan gürültüden dolayı vakit kaybetmeden silahları arabalara yüklemeye başlayan tekkenin ve cemiyetin adamları var güçleriyle depoyu boşaltmaya başlarlar. Silahlar ve mühimmatlar tahmin ettiklerinden daha fazla olmasına rağmen o akşam her şeyi yüklemeye kararlıdırlar. Takviye İtalyan güçleri ya da İngiliz kuvvetleri gelmeden önce arabaya yükledikleri silah ve mühimmatları oradan uzaklaştırmaya, daha fazla dikkat çekmeden üstlerini gizleyerek tekkeye götürmeye başlarlar.

Şeyh Ata Efendi için yorucu ama gurur verici bir akşamda toplanan tüm silahlar sabahın ilk ışıklarına kadar tekkenin deposunun içlerine özenle yerleştirilir. Olası bir baskın ihtimaline karşı da emniyetleri alınır. Şeyh Ata Efendi tüm işler bitene kadar adamlarının başından ayrılmaz, onlarla birlikte silahları depoya taşır. Herhangi bir tehlikenin yaşanmayacağını anlayınca da Kuşçubaşı Eşref, Kara Vasıf ve aralarına sonradan katılan Galatalı Şevket ile vakit kaybetmeden bir sonraki plana dair konuşmalar yapar.

Bu ilk baskından sonra diğer depolara dair denetimlerin ve korumaların artırılacağı konusunda hemfikir olurlar. Sohbetin ilerleyen anlarında tekkenin misafirlerinden Halide Edib Hanım ve Adnan Bey de onlara katılır. Vatanın selameti ve istiklali için daha gayretkâr olmak istediklerini dile getirirler.

Her üçü de onların bu tutumlarından memnun kalır, özellikle de Halide Edib Hanım'ın mücadele azminin Türk kadınına çok yakıştığını dile getirirler. Yine de Şeyh Ata Efendi, onların bir müddet daha tekkede kalmalarından yana olduğunu söyler. Şartlar henüz istedikleri gibi değildir ve yakın zamanda Mustafa Kemal Paşa'dan yeni bir haber geleceğine dair umutları vardır. Gelecek haberin Anadolu'ya geçişleri başlatacağı konusunda da hemfikirdirler.

Yeni bir günün ne getireceğini ve yaptıklarının şehirde ne gibi tepkilere sebep olacağını merakla bekleyeceklerdir. Duruma göre yeni bir eylem planı yapmak zorunda kalabileceklerini de konuşurlar ve bu olaydan sonra diğer depolara daha fazla asker sevk edileceğini, güvenlik önlemlerinin de artırılacağını ve yeni bir baskında onları öldürmek ya da esir alabilmek için düşman askerlerinin her şeyi yapabileceğini uzun uzadıya tartışırlar.

"Bizler toprağa benzeriz.
Bize her türlü kötü şey atılabilir;
ama bizden hep güzel şeyler çıkar."

– Cüneyd-i Bağdadi

-VI-

"Bilmez misin ki her şeyin bir vakti vardır?"

– Abdülkadir Geylani

Tarihler 29 Aralık 1919'u göstermektedir. Erzurum ve Sivas kongrelerinden sonra Mustafa Kemal Paşa'nın Ankara'ya gittiği ve orayı milli bir merkez haline getirdiğinin haberi Şeyh Ata Efendi'ye ulaşır. Tabii bundan sadece onun ve direnişçilerin değil, şehri işgal eden düşman kuvvetlerinin de haberi olur.

Böylelikle cemiyet ve tekkedekilerin beklediği haber gelmiştir. Çünkü artık Özbekler Tekkesi'nden başlayıp Anadolu'ya silah, mühimmat, istihbarat ve insan kaçıracak gizli yol içinde çalışmalara başlanılabilecektir.

Kısa süre içerisinde Şeyh Ata Efendi ve Karakol Cemiyeti'nin üyeleri bir araya gelerek belirleyecekleri güvenli güzergâh hakkında konuşmaya başlarlar. Uzun süren görüşmelerden ve gelen haberlerden sonra Üsküdar'dan Merdiven Köyü'ne ve Kurna Köyü'nden Tepeviran'a, Köseler'e, Kırcali'ye, Sakallar'dan Ulupınar'a, Çalıköyü'nden Demirciler'e, Şabanlar'a, Arifiye, Çarcama ve Lefke'ye doğru uzanarak Bolu'dan Ankara'ya gidilmesinde hemfikir olunur. Ayrıca tüm bunların yanı sıra Maltepe'de bulunan ve Karakol Cemiyeti'nin önemli isimlerinden olan Yenibahçeli Şükrü Bey de Özbekler Tekkesi aracılığıyla milli kuvvetlerin yanına gidecek olanların bir kısmını İzmit'teki Kuvayı Milliye komutanı Dayı Mesud'a gönderecek, o da yanına gelenleri vakit kaybetmeden sağ salim Ankara'ya ulaştıracaktır.

Güzergâha karar verildikten sonra Ata Efendi şehirdeki depoların son durumlarına dair bilgi almak ister. İlk baskından sonra tahmin ettikleri gibi depoların güvenliği artırılmış, özellikle geceleri orada nöbet tutan askerlere daha önce olmadığı kadar silah ve mühimmat verilmiştir. İtalyanların başına gelenler, İngilizler için adeta bir ders olmuştur.

Ancak tüm bu önlemler Özbekler Tekkesi mensupları ve Şeyh Ata Efendi'yi endişelendirmez. Göstereceklerі gayret ve Allah'ın izniyle belirledikleri tüm depolardan alınlarının akıyla çıkacaklarına dair inançları tamdır.

Ayrıca Ata Efendi'nin diğerlerinden bir isteği olur. Mademki işgal kuvvetlerinin henüz tekke, mescit ve camilere dair bir şüpheleri yoktur bundan sonraki toplantılar Özbekler Tekkesi'nde de yapılabilmelidir. Toplanma için bahaneleri de musiki olacaktır. Olası bir baskın ihtimaline karşılık tekke mensuplarının bir kısmı dışarıdan da duyulabilecek güçte neylerine üfleyecek ve böylelikle toplantının güvenli bir şekilde gerçekleşmesine vesile olacaklardır.

İlerleyen günlerde de tekkesini silah ve cephane ambarı haline getiren, gece gündüz demeden yanı başından eksik olmayan vatansever Anadolu yolcularını koruyup kollayan Ata Efendi her geçen gün bu durumdan büyük memnuniyet duyar. Sadece bunlarla da kalmaz, şehirde İngiliz ve İtalyanlarla yaşadıkları taşkınlık sonucunda yaralanan ya da Anadolu'daki iç ve dış düşmanlara karşı direnirken canını ortaya koyanlara da destek olur, onların yaralarını sarmak için vatansever doktorları tekkeye getirir.

Halide Edib Hanım ve Adnan Bey de yola çıkacak ilk kafile ile Anadolu'ya gitmek istediklerini söyler, ancak Ata Efendi onlardan biraz daha sabırlı olmalarını ister. Çünkü Genelkurmay'da görevli olan vatansever isimler onların İstanbul'da direnişe yeni isimler katabilecek hizmetleri olabileceğini düşünür ve bunun için bir yolunu bulup sarayla görüşerek üzerlerindeki baskının kaldırılmasına çalışacaklarını söyler.

Günler geçip, yavaş yavaş Ankara'da düzenin kurulduğuna dair haberler de geldikçe tekkenin depolarında sakladıkları mühimmatları ve silahları göndermenin zamanının geldiğini düşünür. Çünkü onları göndermeden diğer depolara yapılacak baskınlarda elde edecekleri silahları saklamaları zor olacaktır. Buna dair cemiyettekilerle de fikir birliğine varınca, Esad Paşa ve Nuri Hoca'ya haber gönderir ve silahların son durumunu öğrenir.

Her iki isim de silahların emniyette olduğunu, istedikleri her an düşmanların fark edemeyeceği şekilde arabalara yükleyerek belirlenen güzergâha doğru yola çıkarabileceklerini söyler. Ata Efendi yanında bulunan dervişleri, gazileri ve gece yola çıkacak kafile üyelerinin bir kısmıyla onları ziyaret eder. Silahların daha önce kararlaştırıldığı gibi tomruk ve kömürlerin altında saklandığını görür, gece yola çıkacaklar içinde yer alacak askerlerle birlikte mebuslara da bu durumun önemini söyler ve ne pahasına olursa olsun silahlar ile mühimmatların Paşa'nın eline geçmesinin gerekliliğinden bahseder.

Gerçekleştirilecek ilk sevkıyata dair her şey kontrol edilir ve herhangi bir aksaklığa mahal vermeyecek şekilde tüm süreçlerde işlerin başında olur Ata

Efendi. Ayrıca bundan sonraki günlerde tekkeyi bir posta merkezi gibi çalıştırmayı da ister. İstanbul'dan Anadolu'ya, Anadolu'dan da İstanbul'a en kritik havadisleri kendi kuracağı kanallar vasıtasıyla ulaştırır. Özellikle İstanbul'dan Anadolu'ya geçeceklerin ilerleyen günlerde ailelerinden haber alabilmelerini de vatan görevi sayar ve elindeki tüm imkânları bu iş için de kullanmaya başlar.

Karakol'un temellerini attığı mahalli mukavemet ve faaliyet merkezleriyle de temasa geçerek onların gönderdiği adamları ve silahları da Anadolu'ya gizlice ulaştırmaya başlar.

Başarıyla sonuçlanan ilk sevkıyattan sonra ortalık biraz sakinleşir. İşgalci güçler de yeni bir depo baskınına maruz kalmadıkları için kendilerini emniyette hissederler ve tedbirleri biraz azaltırlar. Onları her gün kolladıkları için bu durumu fırsat bilen milli güçler kısa sürede yeniden harekete geçer ve İngilizlerin kontrolünde bulunan silah depolarına baskın yaparlar. Bu baskınlar esnasında depolardan birinde İngiliz Yüksek Komiseri Horace Rumbold ve İngiliz Yüzbaşı John Godolphin Bennett de bulunmaktadır.

Şeyh Ata Efendi liderliğinde Özbekler Tekkesi mensupları ve Karakol Cemiyeti üyeleri yeni baskınlarda da başarılı olur ve birçok silahla birlikte çeşitli mühimmatları da ele geçirirler. Ancak bu defa elde ettikleri başarıdan dolayı içleri biraz buruktur. Çünkü Rumbold ve Bennett liderliğindeki İngilizler takviye kuvvet talebinde bulunmuş ve o kuvvetler de çok fazla gecikmeden onlara katılmışlardı. Zorlu geçen çatışmalardan sonra yaralanan bazı arkadaşlarını geride bırakmak zorunda kalan Ata Efendi'nin elde ettiklerine rağmen geride kalanlardan dolayı o gece gözüne uyku girmez, sabaha kadar duruma bir hal çare bulmayı düşünür.

Yaralı dervişler ve Karakol üyeleri İngilizler tarafından apar topar yakalanır, elleri ve ayakları sıkıca bağlanarak Yüzbaşı Bennett'in talimatıyla Beyoğlu'ndaki Kroker Oteli'ne götürülür ve Bennett tarafından özel olarak hazırlatılan bodrum katlarındaki işkence odalarına atılır. Bu otel, işgal dönemi boyunca İngiliz istihbaratının sorgulama merkezi olarak kullanılmış, şüpheli görülenler ya da işbaşında yakalananlar kadın erkek fark etmeden Yüzbaşı Bennett tarafından kırbaçlanarak sorgulanmışlardır.

Ata Efendi, sorgulamalardan bir şey çıkmayacağından emindir. Çünkü hem dervişler hem de Karakolcular dirençli, dirayetli ve mücadeleden vazgeçmeyen kişilerden seçilmişlerdir. Hem yakalananları sonsuza kadar tutamayacakları kesindir çünkü Ata Efendi ve Kara Vasıf derhal harekete geçerek Osmanlı Genelkurmayı'nda görev yapan vatansever subaylar ile görüşürler, Harbiye Nazırı Cemal Paşa'nın da devreye girecek olmasıyla tez zamanda serbest bırakılacaklarının güvencesini alırlar.

Bu haber bir nebze de olsa dervişlerine yeniden kavuşacağı için Ata Efendi'yi mutlu eder. Ayrıca son depo baskınlarından sonra saklayıp Anadolu'ya gönderdikleri silahların teslimatında da herhangi bir sorun olmadığını öğrenir. İstanbul'dan başlayıp Anadolu'nun çeşitli yerlerine yayılan ve Ankara'da nihayet bulan istihbarat ve posta teşkilatlanması da faaliyetlerine ara vermeden devam etmektedir.

"Eğer bir kişi bütün kaygılarını
Tek bir kaygıya dönüştürürse
Allah onu diğer kaygılarından kurtarır."

– Mevlana Celaleddin-i Rumi

-VII-

"Doğruluk için savaş da
nefesinden güneş doğsun."

– Hafız-ı Şirazi

Her sabah tekkenin bahçesindeki güllerle ilgilenirdi Ata Efendi. Tek başına dolaşır, biraz yalnız kalmak istediğini söyler, o anlarda gülleriyle baş başa kalınca sanki tek derdi onlarmış gibi başka hiçbir şeyi gözü görmezdi.

Yine öyle bir sabahta kapısı çalınır Ata Efendi'nin. Dervişlerle beraber kapının yanına gittiğinde "Bizi İsa gönderdi" parolasını duyar ve kapıyı hemen açtırır. O gün gelenler Müdafaa-i Hukuk Cemiyeti'nin mebuslarıdır.

Özbekler Tekkesi'nin Karakol Cemiyeti'yle beraber Anadolu'ya gerçekleştirdikleri sevkıyatlarda muvaffak olmaları onları da etkilemiştir. Kendileri de ikişer hatta üçer kişilik gruplar halinde Ankara'ya gitmek, Mustafa Kemal Paşa ve Heyet-i Temsiliye üyeleriyle görüşmek istediklerini dile getirirler. Vatanın selameti için hazırlanması ve Meclis'e sunulması gereken bir bildiriden bahsetmeleri Ata Efendi'nin ilgisini çeker. Derhal Kara Vasıf, Galatalı Şevket ve Yenibahçeli Şükrü Beylere haber gönderilmesini ister ve büyük bir iş başarılacağını hisseder.

Davet ettikleri tekkeye gelince hem onlar hem de mebuslarla bir toplantı yaparlar. Vakit kaybetmeden bu gece Anadolu'ya geçebilmeleri için ne gerekiyorsa mebuslar için hazırlanmalıdır kararına varılır.

Aradan geçen birkaç gün içerisinde mebusların Ankara'ya sağ salim gittiklerinin haberi gelir. Mustafa Kemal Paşa liderliğindeki Heyet-i Temsiliye üyeleriyle de görüşülür ve içinde milli sınırların da belirlendiği bir metin Trabzon mebusu Hüsrev Sami Bey aracılığıyla İstanbul'a gönderilir.

İstanbul'da büyük bir heyecan ve umutla toplanan Meclis-i Mebusan 28 Ocak 1920 tarihli gizli oturumunda Misak-ı Milli kararlarını alır ve alınan kararlar bütün mebuslar tarafından imzalanır. Oturumdan çıkan kararla birlikte Özbekler Tekkesi'nde büyük bir sevinç yaşanır, mücadele sadece Anadolu'yla sınırla kalmayacak, İstanbul'dan da düşmana başkaldırının sesi ve gücü yükselecek umudu yaşanır.

Yeşeren umutlar ve yükselen seslerden sonra 17 Şubat 1920 tarihli oturumda alınan bu kararın basında yayımlanması hatta bütün yabancı parlamentolara bildirilmesi kararlaştırılır.

Misak-ı Milli herkese duyurulduktan sonra işgalci güçlerin nasıl bir tepki vereceğine dair konuşmak üzere mebusların bir kısmı ile birlikte Karakol Cemiyeti'nin önde gelen isimleri Özbekler Tekkesi'nde bir araya gelirler. Ata Efendi, sonucu her ne olursa olsun alınan bu kararın o gün mecliste bulunanlar için hayatları boyunca taşıyacakları bir şeref madalyası olduğunu söyler.

Kararın duyurulmasından üç gün sonra üç müttefik (İngiltere, Fransa, İtalya) yüksek komiseri adına Fransız Yüksek Komiserliği'nce Sadrazam Ali Rıza Paşa'ya bir nota verilir ve bu nota ile sadece Harbiye Nazırı Cemal Paşa'nın değil Genelkurmay Başkanı Cevdet Paşa'nın da istifası istenir. Ertesi gün işgalcilerin ve hükümetin baskısıyla paşaların istifası alınır ve yüksek komiserlere bildirilir.

Bu olaydan sonra toplanan dost meclisinde söz alan Ata Efendi, paşaların istifasının işgalci güçler için yeterli olmayacağını, bu durumun onları daha da cesaretlendirerek baskılarını ve şiddetlerini artıracaklarını dile getirir.

Ata Efendi öngörülerinde haklı çıkar. İşgalci güçler uyguladıkları tüm baskı vc şiddete rağmen gelişmelerin istedikleri gibi gitmediğini görünce yüksek komiserler liderliğinde işgal polis gücü ile şehri tamamen abluka altına alır. Şehirdeki milli güçlerin etkisini kırmak ve onları tamamen sindirmeyi amaçlamaktadırlar. Bunun için vakit kaybetmeden bütün devlet binalarını ve karakolları denetim altına alarak, şehirdeki mutlak gücün sadece kendileri olduğunu halka duyururlar.

O gece Karakol Cemiyeti üyeleri ve Milli Mücadele'ye gönül verenler musiki bahane edilerek tekrar Özbekler Tekkesi'nde bir araya gelir. Kara Vasıf ve Galatalı Şevket artık açık bir şekilde İstanbul'daki işgal güçlerine saldırılmasını teklif eder, yoksa böyle giderse değil mücadele edebilmek artık burada toplanmalarının bile güçleşeceğini söyler. Ata Efendi bunun için acele edilmemesi, öncelikle Ankara'dan Mustafa Kemal Paşa'dan gelecek habere göre tedbir almalarında ısrarcı olur.

Toplantıdan bir gün sonra sabah 05.45 sularında İngiliz askerleri araçlara bindirilerek iki birlik halinde Beyazıt Direklerarası'nda bulunan Şehzadebaşı 10. Kafkas Tümeni'ne bağlı karargâh birliği karakoluna baskın yaparlar. Bir araç asker hemen dış güvenliği sağlamaya başlar ve çevrede bulunan sivil vatandaşların oradan uzaklaşmasını ister. O esnada karargâhın içine giren diğer İngiliz askerleri Mızıka ve Karargâh Bölüğü erlerinden beşini ateş açarak şehit eder, diğer onunu da yaralar.

Öğleden sonra bu yaşananlara tepki göstermek için Meclis'te toplanan mebusların da üstüne giderek Meclis'i basarlar ve mebusların bir kısmını tutuklayıp, bir kısmını da Malta'ya sürgüne gönderirler. İngilizlere direnip kaçmayı başaranlar da Karakol'un fedaileri tarafından Özbekler Tekkesi'ne yönlendirilir ve uygun zamanda Anadolu'ya geçebilmeleri için Ata Efendi'nin himayesine verilirler.

Ancak İngilizler bunlarla da yetinmez ve daha önceden baskıyla istifa ettirdikleri Harbiye Nazırı Cemal Paşa'nın da evini basıp paşayı tutuklarlar, üç gün nezarethanede tuttuktan sonra Malta'ya sürgüne yollarlar. İngiliz General Shuttleworth, Harbiye Nezaretini'de ablukaya alır ve kontrolünü tamamen ele geçirir.

Tüm bu gözü dönmüşlüğün ortasında Ata Efendi, Özbekler Tekkesi'nde misafir ettiği vatanseverleri tehlikeye atmamak için İngilizlerle açıktan mücadeleye girişmez, yaşananları sabırla izler. Ancak kendisine ulaştırılan bir haber canını oldukça sıkar. Meclis basılınca orada bulunan Kara Vasıf da İngiliz askerleri tarafından tutuklanır ve Malta'ya gönderilecek sürgünler arasında yer alır.

Gün içinde tek sevindirici haber tekkenin misafirlerinden olan telgrafçı Hamdi Bey'den gelir. Hamdi Bey, kendi canını tehlikeye atarak İngiliz işgal kuvvetlerinin telgrafhaneyi bastığı ana kadar İstanbul'da yaşananları anbean Mustafa Kemal Paşa hazretlerine özeldir başlığını attığı telgraflarla Ankara'ya bildirir. Onun bildirdiği haberler özetlenerek Mustafa Kemal Paşa'nın emriyle Anadolu ve Rumeli'deki tüm komutanların adreslerine telgraf yoluyla iletilir.

Hamdi Bey, gösterdiği fedakârlık ve kahramanlıktan dolayı Karakol Cemiyeti tarafından güvenli bir şekilde Özbekler Tekkesi'ne götürülür. Ata Efendi tarafından çok iyi bir şekilde karşılanır, yaptıklarından övgüyle söz edilir ve güvenliği sağlanmış bir şekilde kısa sürede öncelikle Bursa'ya oradan da Ankara'ya geçmesine yardımcı olunur. Ata Efendi'nin hazırladığı malumatları da yanında götürerek Mustafa Kemal Paşa ile görüşür ve evrakları ona teslim eder.

19 Mart 1920 tarihinde ise Halide Edib Hanım ve Adnan Bey'in beklediği gün gelir. Sonunda Milli Mücadele'nin merkezine, Ankara'ya, Mustafa Kemal Paşa'nın yanına gidebileceklerdir. Bu haberden dolayı çok heyecanlanırlar, sanki yarın gideceklermiş gibi eşyalarını hazırlamaya başlar ve o gün gelene kadar devamlı Ata Efendi'yle duruma dair konuşur ve gittiklerinde ne gerekiyorsa yapacaklarını söylerler.

Onların bu heyecanlarından ve mücadele azimlerinden gurur duyan Şeyh Ata Efendi ise bu mücadeleci çifti daha fazla bekletmek istememiş ve müjdeli haberi birkaç gün öncesinden onlara vermiştir.

Tekkeye gelmeden önce çocuklarını İstanbul'daki yatılı okula emanet etmişlerdir. Gitmeden önce çocuklarını görmek, onlarla da vedalaşmak isterler. Ancak son günlerde yaşananlardan dolayı bu istekleri çok riskli görülür, çünkü yakalanırlarsa tutuklanıp Malta'ya sürülmeleri işten bile değildir. Ata Efendi bu konuda onları teskin ederek içlerinin rahat olmasını, çocuklarını kendi çocukları Bedia ve Belkıs'tan ayırmayacağını, onları kontrol ederek bütün ihtiyaçlarını karşılayacağını söyler.

Ata Efendi ile vedalaşıp onun hayırdualarıyla at sırtında yola çıkan Halide Edib Hanım ve Adnan Bey, dervişlerin ve karakolun belirlediği güzergâhlardan giderek Geyve'ye ulaşırlar. Geyve'de onları *Yeni Gün* gazetesinin kurucusu Yunus Nadi Bey beklemektedir. İlerleyen yıllarda *Cumhuriyet* gazetesini de kuracak olan Yunus Nadi, İstanbul'un işgalinden bir gün sonra gazetesinin kapatılmasıyla Ata Efendi'nin desteğini alarak Anadolu'ya geçmiştir.

Yunus Nadi Bey, Ata Efendi tarafından gönderilen misafirlerini en iyi şekilde ağırlar, onlardan biraz dinlenmesini ister ve daha sonra birlikte trene binerek 2 Nisan 1920 günü Ankara'ya varırlar.

Halide Edib Hanım, Keçiören'deki karargâhta görev almaya başlar. Yolculuk esnasında Yunus Nadi Bey ile kararlaştırdıkları Anadolu Ajansı isimli bir haber ajansının kurulması için de Mustafa Kemal Paşa'dan onay alıp çalışmalara başlarlar.

Tüm bu gelişmeleri Ata Efendi'ye de haber vermeyi unutmazlar ve şeyhin destekleyip geliştirmek için gayret ettiği posta teşkilatına da destek olacaklarını söylerler.

Ankara'da bulunduğu günlerde de *Mor Salkımlı Ev* ve *Türk'ün Ateşle İmtihanı* isimli eserlerini tamamlar ve o eserlerinde Özbekler Tekkesi'ne sığınışlarını ve Anadolu'ya gidişlerini uzun uzun anlatır.

"Kaçış ve kurtuluş yolu olmadığı
çaresizlik anında insan,
elini keskin kılıca karşı kalkan eder."

– Şeyh Sadi Şirazi

-VIII-

"Güzel günler sana gelmez,
sen onlara yürüyeceksin."

– Mevlana Celaleddin-i Rumi

1919'un Nisan ayında Özbekler Tekkesi alışkın olduğu gecelerden birini daha yaşamaktadır. Bütün odalar kısa bir süre içinde Anadolu'ya geçecek misafirlerle dolmuştur. Odadaki misafirlerin arasında şair Mehmet Akif de vardır. Ata Efendi ile ayaküstü kısa bir hasbihal ettikten sonra tekkenin bahçesine çıkarlar ve adeta çadırlaşmış, çiçeklerle donanmış akasya ağacının dibindeki sandalyelere otururlar. Ata Efendi, Ankara'ya vardığında onun nerede kalacağını sorar ve Taceddin Dergâhı yanıtını alır. Aldığı bu cevaptan memnun kalan Ata Efendi, gittiği yerde Akif'in büyük hizmetlerde bulunacağını ve şiirleriyle de nice vatanseverin maneviyatını artıracağını söyler. Onları bu şekilde görünce etraflarını sarıp, onların konuşmalarına ortak olmak isteyen misafirleriyle de sohbet etmeye başlayan Ata Efendi, sözleriyle onları teselli eder, yüreklerine çöken ayrılık acılarını ve gariplik duygularını unutturmaya çalışır.

O esnada Üsküdar camilerinde de yatsı ezanı okunmaya başlar. Ata Efendi başını öne eğip sessizce bir şeyler düşünmeye başlamışken, Fıstıkağacı ile tekke arasındaki yolu gözetleyen dervişlerden bir tanesi nefes nefese kalmış bir vaziyette bahçeye girip, onların yanına gider. Usulca yanına sokulduğu şeyhinin kulağına eğilir ve fısıldayarak "Aman şeyhim!... Üsküdar'daki İtalyan polis kumandanı yanında birkaç İngiliz zabit ve polisi olduğu halde buraya doğru geliyor!" der.

Şeyh Ata, duydukları karşısında yine de vakarını korur, telaşa mahal vermez ve Mehmet Akif'in dizlerine hafifçe dokunduktan sonra misafirlerinin yanına giderek yaklaşan tehlikeyi onlara söyler ve alınacak tedbirleri anlatmaya başlar.

Dervişlerinden bazılarını yanına çağırarak Anadolu'ya geçmek üzere orada bekleyen misafirlere rehberlik etmelerini ister. Bunun için de Setbaşı'na doğru sarkan ağaçlık ve fundalıklı yamacın üzerindeki dik patikalardan onları geçirmelerini tembihler. Dervişler, misafirlerin önüne geçerek kendilerine söylenen yere doğru ilerlemeye başlar. Her biri sağa sola saparak, tarlaların kenarlarındaki çalılıklara sokulup, gözden kaybolurlar.

Kısa süre içinde tekke kapısından içeri dalan işgalci askerlerin bir kısmı apar topar bahçe ve mezarlığa doğru yönelir, diğerleri de önlerine çıkanları itekleyerek tekke kapısından içeri girer. Kapalı gördükleri kapıları tekmeleri ile açıp, dolapları bile dağıtmaya başlarlar. En sonunda tekkenin büyük ibadet odasına doluşurlar ancak gördükleri karşısında şaşırırlar. Şeyh Ata Efendi, arkasında saf tutan dervişleri ile birlikte namaz kılmaktadır. İşgalci askerler, tekke içinde istediklerini bulamazlar ve bu durum karşısında yumruklarını sıkarak hızlı adımlarla oradan uzaklaşmaya başlarlar.

İşgalci askerlerin tekkeden ayrılmasından sonra Ata Efendi, vatanseverleri yeniden bir araya toplar, onlara moral verici bir konuşma yapar ve zor bir gece geçirdiklerini söyleyerek dinlenmeleri için odalarına çekilmelerini ister. O gece yola çıkma sırası kendisinde olanların bir kısmı tedbir amaçlı tekkede kalır, sonraki gece Çal Köyü'ne gitmek için hazırlıklarını yapar ve her şey tamam olduktan sonra sırasıyla güzergâhın güvenli duraklarında dinlenerek sağ salim Ankara'ya varırlar.

Güvenli bölgeye kadar tebdili kıyafet onların peşinden giden ve misafirlerini Nal'a kadar uğurlayan Şeyh Ata Efendi, misafirlerinin her biri ile ayrı ayrı vedalaşır, onlardan dualarını eksik etmez. O esnada şair Mehmet Akif de en son sırada bekler ve sıra kendisine gelince Ata Efendi'ye saygıyla bakar, ona doğru gülümser ve daha sonra genç şeyhin yanaklarını okşayıp alnından öper ve şunları söyler:

"Ne mutlu sana şeyhim. Kurtuluş savaşçılarına yaptığın bu büyük hizmetler inan ki hiçbir zaman unutulmayacak ve milleti istiklale kavuşturacak yıldızlar arasında Şeyh Ata adı da daima hürmetle anılacak. İmreniyorum bu mazhariyetine ve seni bekleyen şerefli istikbaline."

Duydukları karşısında mahcubiyetini gizleyemeyen Ata Efendi, onun elini sıktıktan sonra Mehmet Akif'e sıkıca sarılır ve Ankara'ya sağ salim varınca kendisine haber göndermesini ister.

Misafirlerini yolcu ettikten birkaç gün sonra depolardan sonra silah ve mühimmat üreten askeri fabrikalardan da sayıları öncekilere nazaran az olsa da silah kaçırmaya devam ederler. Daha sonra o silahları güvenli gördükleri tekke, mescit ve camilerde saklayıp Anadolu'ya sevk etmeye devam ederler. Ancak işler eskisi kadar kolay olmamaktadır çünkü tüm kuvvetleriyle İstanbul'u işgal eden düşman güçlerinin asker sayıları onlara rahat hareket etmekte zorluk çıkartmaktadır.

İşgalden haftalar sonra Galatalı Şevket'in bir araya getirdiği gönüllüler Özbekler Tekkesi'nde toplanır. Ata Efendi'nin misafirleri mebuslar, kumandanlar ve gündüzleri halk arasında mücadeleye davet edip, bu kutlu davete icap edenlerdir. Ata Efendi gelenlerin hepsiyle tek tek ilgilenir, kucaklaşır ve en iyi şekilde ağırlanmalarını sağlar.

Gelen kafilenin içinde bir kişi daha çok dikkatini çeker. Sivil kıyafetler içinde olmasına rağmen asker duruşunu korumakta, meraklı gözlerle etrafı incelemektedir. Ata Efendi'nin kendisine doğru geldiğinde ceketini düzeltir, ona doğru gülümseyerek elini uzatır. Ata Efendi, kendisine uzatılan eli içtenlikle sıkar ve tüm samimiyetiyle ona sarılır. Gelen kişiyi tanımıştır, o Albay İsmet (İnönü) Bey'dir.

İsmet Bey, onunla baş başa görüşmek ister ve Harbiye Nazırı Fevzi (Çakmak) Paşa'nın selamlarını iletir. Ata Efendi onun Mustafa Kemal Paşa'nın isteğiyle İstanbul'da kaldığını ve Genelkurmay'da Fevzi Paşa'yla birlikte mühim malumatlar elde ettiğini bilmektedir. Ancak İstanbul'un İtilaf Devletleri tarafından tamamen işgal edilip kontrol altına alınmasından sonra Albay İsmet Bey'in de eli kolu bağlı bir duruma gelmiştir.

İsmet Bey tüm bunları Ata Efendi'ye anlatır ve Mustafa Kemal Paşa tarafından Ankara'ya çağrıldığını söyler. Ancak şöyle bir sorun vardır ki işgal güçleri onun kim olduğunu bildikleri için Anadolu'ya geçmesine müsaade etmeyeceklerdir. Öncelikle İsmet Bey'in tekkede olmasından büyük gurur ve mutluluk duyduklarını söyler Ata Efendi. Anadolu'ya güvenli bir şekilde geçip, bir an önce Ankara'ya varması için de ne gerekiyorsa yapacaklarını söyler. İsmet Bey, onların bugüne kadarki başarılarını bildiğini, daima takdir ettiğini ve kendilerine güvendiği için de kapılarını çaldığını söyler ve ne gibi tedbirler alabileceklerini sorar. Ata Efendi biraz çekingen biraz mahcup bir ifadeyle ona bakar ve Anadolu'ya geçişlerde kullandıkları kömür arabalarından bahseder. İsmet Bey'in daha rahat hareket edebilmesi için de onu tebdili kıyafet içinde bir kömürcü olarak hazırlamaları gerektiğini belirtir.

İsmet Bey, memleketin kurtarılması için ne yapılacaksa onu yapacağını, ne olması gerekirse onu da olacağını söyler ve ertesi gece yola çıkmak için son hazırlıklarını yapar.

Ata Efendi onun için kömürcü kıyafetlerini hazırlatır, yüzünü çok iyi tanıyanlar olabileceği için eline aldığı birkaç kömür parçasıyla da İsmet Bey'in yüzünü gerçek bir kömürcüye benzemesi için siyaha boyar. Her şey hazır olunca kafileyi son kez incelerler ve birkaç gün öncesinden tedbirlerini aldırıp, güvenli hale getirdiği yollara doğru onları uğurlar.

Onları uğurladıktan kısa bir süre sonra İstanbul içinde yer alan Kuvayı Milliye'nin fedakâr isimlerinden olan Yedek Teğmen Sipkat, Arapgirli Kemal ve Tahir Bey telaşlı bir şekilde Özbekler Tekkesi'nden içeri girerler. Öğrendikleri malumatı hemen Ata Efendi'ye anlatırlar.

Bolu'daki *Hürriyet ve İtilaf Fırkası*'nın ileri gelenlerinin bazı gizli hazırlıklar yaptıklarından bahseder. Plana göre İsmet Bey'in de içinde yer aldığı heyete Gerede yolu üzerinde pusu kurulacak ve heyetteki herkes öldürülecektir. Olur da öldüremezlerse hepsini esir alıp İstanbul'daki İngilizlere teslim edeceklerdir.

Duydukları karşısında Ata Efendi hemen ayaklanır, onunla birlikte haberi getirenler de yerinde duramaz ve bir an önce harekete geçmek istediklerini söylerler. Ancak fevri hareket etmenin zararlarını düşünen Ata Efendi tekrar yerine oturur ve heyetin Seben üzerinden Ankara'ya gönderilmesini teklif eder.

Arapgirli Kemal oralardan Kızık Köyü muhtarını tanıdığını söyleyince derhal ona bir telgraf çekilmesi istenir. Telgrafta köyden altı tane seyis ve altı tane at bulması istenir. Onları bulduktan sonra da derhal silahlanarak yola çıkmaları ve Bostancıların ahırının önünde hazır olmaları tembihlenir. Ata Efendi de dervişlerini toplayarak İsmet Bey'in kafilesine yetişmek için yola çıkar. Muhtar Göden Hüseyin Ağa da derhal kendisine söylenilenleri yapar ve silahlı adamlarıyla Bostancıların ahırının önünde beklemeye başlar.

Gönderilen kafilenin ne kadar önemli olduğunun farkındadır Ata Efendi. Onlar yola çıkmadan bir gün önce Mustafa Kemal Paşa'dan bir telgraf almıştır. Telgrafta heyete ihtimam gösterilmesini, güven içinde Ankara'ya ulaştırılmalarını istemektedir. Ancak Bolu, mayıs ayında 25 gün civarında padişahçı hilafet isyancılarının elinde kalmış, İsmet Bey'in kafilesinin geçişi esnasında türlü zorluklar çıkarmaya çalışmışlardır.

Tüm zorluklara rağmen Hüseyin Ağa'nın adamları, Ata Efendi'nin dervişleri ve Kuvayı Milliye'ye katılmış kişilerden oluşan vatanseverlerin gayretiyle direniş karşıtları Bolu'dan çıkartılırlar. İsmet Bey ve kafilesi ise güvenlikleri sağlandıktan sonra Seben Köyü'ne ulaşmayı başarır, orada biraz dinlendikten sonra Ankara'ya doğru yola devam ederler.

O günlerde vatanseverler sadece İngiliz, Yunanlı ya da diğer yabancı işgalci güçlerle savaşmazlar. Türk'ün direnişine ve Milli Mücadele'sine engel olmak isteyen içerideki hainlerle de savaşmak zorunda kalırlar. Çünkü o güne kadar birçok zorluklarla, savaşlarla karşılaşmalarına rağmen birbirlerini düşman görmemiş, içlerindeki birlik bozulmadan düşmana karşı savaşmışlardı. Düşmanı öldürdüler, düşman tarafından öldürüldüler fakat devletin yok olduğu, sanki hiç olmamış gibi durduğu kadar kötü ve korkunç şeyler görmemişlerdi. Cephede, savaş meydanlarında etraflarında kan, ceset, ateş, ölüm kol geziyor; kar ve soğuktan yüzleri kavruluyor, yine de korkmuyorlardı. Ancak bugün vatanın selameti için değil de kendi istikballeri için düşmanla işbirliği yapanlar yüzünden yaşanan bu kardeş kavgası, devletin ortadan kalktığı günlerde yaşattıklarıyla birçok Türk'ü en çok korkutan dönem olmuştur. Bu yüzden İstiklal Mücadelesi'ni asla unutmamışlar, kendilerinden sonra gelen nesillere o günleri anlatmışlardır.

"Parçaların dökülecek, azalacaksın,
lakin sana vurulan her darbe,
seni sen yapacak..."

– Şeyh Galip

-IX-

"İyilik yap ve ömrü ganimet bil."

– Şeyh Sadi Şirazi

Albay İsmet Bey 9 Nisan 1920'de Ankara'ya varır. Artık Kurtuluş Savaşı'nın sonuna kadar Mustafa Kemal Paşa ile birlikte onun sağ kolu olarak görev yapacaktır. Büyük Millet Meclisi'nde Edirne milletvekili olarak bulunur. Aynı zamanda ilk hükümetin Genelkurmay Başkanı olacaktır.

İstanbul'un tamamen işgal edilmesi sadece Albay İsmet Bey değil Harbiye Nazırlığı görevinde bulunan Fevzi Paşa için de zorlu geçmektedir. Makamda bulunduğu Şubat-Nisan 1920 tarihleri arasında milli kurtuluş hareketine silah ve cephane gönderilmesini kolaylaştırmak için elinden gelen tüm gayreti ve çabayı göstermiş, depoların dışında elde avuçta kalan silahların vatanseverlerin eline ulaşmasını sağlamıştır.

Fevzi Paşa, yaşanan işgalden ve üstündeki baskılardan dolayı Anadolu'ya geçmeye karar verir. Bir akşamüstü Ata Efendi'nin de hazır bulunduğu Karakol Cemiyeti üyeleriyle bir araya gelerek işgal güçleri tarafından alıkonulmadan Ankara'ya nasıl gidileceğini en ince ayrıntısına kadar konuşur. Ata Efendi bugüne kadar bütün olan biteni paşaya anlatır ve Geyve üzerinden Ankara'ya gitmesini tavsiye eder, bunun için gerekli tüm hazırlıkların yapılacağından ve Geyve'de onu Hafız Fuat ile Kuvayı Milliye yanlısı tepeden tırnağa silahlı ve atlı süvarilerin karşılayacağını söyler.

Görüşmeden bir gün sonra yola çıkmak için hazırlıklarını tamamlayan Fevzi Paşa, Özbekler Tekkesi'ne giderek Ata Efendi'yi ziyaret eder. Dervişlere ve ona hitaben duygulu bir konuşma yapar, yaptıkları fedakârlıkların asla unutulmayacağını, vatanın kurtuluşu için taşıdıkları her bir merminin hakkının ödenmesinin kolay olmayacağını söyler.

Fevzi Paşa, 27 Nisan 1920 tarihinde Ankara'ya ulaşır. İstasyonda onu bekleyen Mustafa Kemal Paşa tarafından da törenle karşılanır ve meclise Kozan milletvekili olarak katılır. Şeyh Ata Efendi ve Özbekler Tekkesi mensuplarını da unutmaz ve onlara iletmiş olduğu mektupla birlikte tespihini de Ata Efendi'ye bir hatıra olarak gönderir.

Kendisine ve tekkesine iletilenlerden dolayı sevinç gözyaşlarını tutamaz Ata Efendi. Paşadan gelen haberlerden dolayı Allah'a şükreder, mücadelesinde muvaffak olması için de gece gündüz dualar eder.

Sakin geçen günler ve Ankara'dan gelen iyi haberler Ata Efendi'nin keyfini yerine getirir, mücadele azmini daha da kamçılar ve mücadeleye destek olmaya devam edebilmek için tüm gayretiyle çalışır. Ancak işgal yanlısı gazetelerin yazdıkları her geçen gün daha da çileden çıkarıcı bir hal almaya başlar.

Her sabah olduğu gibi 13 Mayıs'ta da gazetelere göz gezdiren Ata Efendi, *Alemdar* gazetesinin "Mustafa Kemal ve Hampalarına İdam Kararı" başlığını attığını görür ve dervişlerini yanına çağırarak Galatalı Şevket'e ulaşmalarını ve en kısa zamanda tekkede görüşmeleri gerektiğini iletmelerini ister.

Durum oldukça vahim görünmektedir. Nemrut Mustafa Paşa başkanlığında toplanan 1 Numaralı Divan-ı Harp, 11 Mayıs'ta Mustafa Kemal Paşa ve silah arkadaşlarının gıyaben idamlarına ve mallarına haciz konulmasına karar vermiştir. Alınan karara göre işledikleri suçlar, Kuvayı Milliye adıyla halk arasında fitne ve fesat çıkarmak, buna özendirmek, ayrıca anayasaya aykırı olarak halktan para ve asker toplamaya çalışmak olarak belirtilmiştir.

Ata Efendi, haklarında idam kararı çıkarılanları okudukça vah vah eder, böyle bir hainliğe nasıl razı gelindiğine bir türlü akıl sır erdiremez. Listedeki herkes vatanın selameti için canlarını ortaya koyan kişilerdir. Kimler yoktur ki listede: Mustafa Kemal Paşa, Kara Vasıf Bey, Ali Fuat Paşa, Halide Edib Hanım ve eşi Adnan Bey...

Ata Efendi, ikisini de geç kalmadan Anadolu'ya gönderebildiği için Allah'a şükreder. Yoksa maazallah bugün İstanbul'da olsalardı onlar için her şey çok daha kötü olabilirdi.

Galatalı Şevket'in tekkeye gelişiyle birlikte işgalcilerin, özellikle de İngilizlerin aldırmış olduğu bu idam kararlarının devamında neler olabileceğini hesap etmeye başlarlar. Galatalı sıranın tekkelere de geleceğini düşündüğünü söyler ancak Ata Efendi işgal güçlerinin kendilerinden şüphelenmeleri için herhangi bir delil elde edemediklerini hatırlatarak, yolun sonunda idam bile olsa bu davadan vazgeçmeyeceklerini belirtir.

Fevzi Paşa'nın Anadolu'ya geçerek Mustafa Kemal Paşa'nın yanında durması İstanbul Hükümeti tarafından hoş karşılanmaz. İşgal güçlerinin de baskısıyla 27 Mayıs 1920'de toplanan İstanbul 1. İdare-i Örfiye Divan-ı Harbi tarafından gıyaben askerlikten uzaklaştırılmasına, nişan ve madalyalarının geri alınmasına ve idamına karar verilir.

Fevzi Paşa, alınan bu karara aldırış etmez ve vatanın kurtuluşu için ne gerekiyorsa yapmaya devam eder. Aradan birkaç hafta geçer ki Ata Efendi'nin kapısına gelen bir Karakol üyesi ona bir zarf uzatır ve onun Ankara'dan gönderildiğini söyler. Ata Efendi, büyük bir merak ve heyecanla zarfı açar ve içindeki mektubu okumaya başlar. Mektup Fevzi Paşa'dan gelmektedir. Ankara'daki vatanseverlerin umudundan, düşmana karşı gösterdikleri başarılardan bahseder ve sonunda "Düşmanın ilerlemesine karşı halkın katiyen tereddüt ve endişe etmesine mahal yoktur. Düşmanın, Anadolu içerisine doğru uzanmak isteyen kolları mezarlarına yaklaşıyor. Bu yeni sefer, düşmanın ölüm yolculuğudur" ifadelerini kullanır.

Paşadan haber almaktan dolayı ziyadesiyle memnun olur Ata Efendi, ancak her geçen gün işgalci güçlerin baskılarının arttığının da farkındadır. Eskisi gibi rahat hareket edememekte, vatanseverleri Anadolu'ya geçirmekte zorlanmaktadırlar. Özellikle de çarşıda dervişlerin ve Karakol üyelerinin yaptığı tebliğlerden dolayı birçok kişi gözaltına alınarak, Yüzbaşı Bennett'in işkencesine maruz kalmışlardır.

Şeyh Ata Efendi de uzun süren mücadelesinde bütün zorluklara rağmen kendisini ve dervişlerini gizleyerek olağanüstü bir çabayla hareket etmeye gayret etmiştir. Şehri tamamen kuşatan, giriş ve çıkışlardaki askerleri artırarak vatanseverlere göz açtırmayan

İngiliz polisi ve istihbarat servisinden tekkesini bir müddet daha uzak tutmayı başarmıştır.

Ancak bir sabah hiç beklemedikleri bir anda kapılarına dayanan ve başlarında İngiliz İstihbarat Şubesi'nden Harron Armstrong ile Yüzbaşı Bennett'in olduğu İngiliz askerlerini görürler. Ata Efendi, yanındakilerden sakin olmalarını ister ve bu durumdan kurtulacaklarına dair onlara umut verici sözler söyler.

İngilizler zor kullanarak içeri girer ve bir şeyler bulma umuduyla tekkeyi talan ederler ancak ellerine hiçbir şey geçmez. Bu durumdan dolayı canı oldukça sıkılan Harron Armstrong, askerlerine doğru dönerek uzun zamandır takip ettikleri ve Anadolu ile yakın temasta olduğunu düşündükleri Ata Efendi'yi tutuklamalarını ister.

Ata Efendi, dervişleri ve gazilerine bakarak onlardan geride durmalarını ister ve işgalci askerler eşliğinde nezarethaneye gider. İngilizler, birkaç gün daha Ata Efendi hakkında araştırmalar yapıp, onu içeride tutacak hatta idamına götürecek bilgiler toplamaya çalışırlar ancak herhangi bir şey bulamadıkları için serbest bırakmak zorunda kalırlar.

Ata Efendi'nin tutuklanmasını isteyen ve onu bizzat sorgulayan Harron Armstrong yıllar sonra o günlere dair şunları söylemiştir: "Bizler Türk din adamlarının bu konularda etkin rol oynayacaklarını asla tahmin etmiyorduk. Diğer araştırmalarımız, Türk direniş yuvalarının meydana çıkarılması yolunda olumlu sonuç vermeyince, vaki ısrarlı ihbarları değerlendirerek tekkeler, mescitler, camiler gibi dini binalar üzerinde durduk ve din adamlarını takip ve kontrol etmeye başladık. Elde ettiğimiz bilgi ve karşılaştığımız gerçekler bizleri hayrete düşürdü. Bu din adamları özellikle telkinlerle ve maneviyatı yükseltmekle kalmamışlar, fiili olarak direniş örgütü içinde yer almışlardı. Halk üzerinde tesirleri fevkalade olduğundan, üzerlerine aldıkları görevleri başarı ile yerine getirmişlerdir." Sadece bunları da söylemez Armstrong, "Özbekler Tekkesi'nin şeyhi olan Ata Efendi'yi tevkif ettikten çok sonraları hayretle öğrendik ki İstanbul'dan Ankara'ya karayoluyla insan ve malzeme kaçırmaları onların tekkesinden tanzim edilmektedir. Bu yolun devamınca, başlıca konaklama yerleri camiler, mescitler, tekkeler ve benzeri dini müesseseler olmuştur" demiştir ve tutukladıkları zaman olsun, sorgu esnasındaki davranışları ve sözleriyle olsun Ata Efendi'yi "dingin, irade sahibi, azimli ve cesaretli bir kişi" olarak tanımlamıştır.

Serbest bırakıldıktan sonra Özbekler Tekkesi'ne dönen Ata Efendi, içeride Galatalı Şevket'i görür ve İngilizler tarafından takip edildiklerini ona anlatır. Şevket Bey, yakın zamanda Anadolu'ya geçilmesini tavsiye eder ve buna dair Mustafa Kemal Paşa ile irtibata geçtiğini söyler.

Ata Efendi, dervişleri ve gazileri ile toplanır, durumu izah eden bir telgrafı Ankara'ya gönderdiğini söyler ve tekkeyi ayakta tutacak kadar dervişle gaziyi İstanbul'da bırakarak Anadolu'ya geçileceğini onlara bildirir. Ancak Anadolu'ya geçişler küçük kafileler halinde yapılacaktır ve ilk esnada Ata Efendi'yle birlikte sadece üç derviş Ankara'ya doğru yola çıkacaktır.

Gizlilik içerisinde, dikkat çekmeden tekke içinde hazırlıklar yapılır, eşyalar arabalara yüklenir, silahlar büyük bir özen içerisinde sarıp sarmalanarak işgalci güçlerin bulamayacakları şekilde saklanır. Ata Efendi, gece yarısından sonra yola çıkılacağını tekke mensuplarına bildirir ve o vakte kadar tekkeyi bir daha görmek nasip olmayacakmış gibi bahçesinde uzun uzun oturur, her bir karış toprağını özenle inceler.

Yolculuk vaktine yakın babasının, dedesinin ve diğer şeyhlerin mezarlarını ziyaret ederek dualar eder, onların manevi desteklerini her zaman yanında hissederek yavaşça orada ayrılır.

Tekkenin faaliyetlerinden şüphelenildiği için Üsküdar sıkı bir gözetim altındadır. Buna bir çare bulup, onların emniyetli bir şekilde Anadolu'ya geçmeleri için Karakol Cemiyeti bir şekilde Sadrazam Ahmet Tevfik Paşa ile irtibata geçmiştir. Tevfik Paşa, açıktan desteğini gösteremese de Ankara Hükümeti'ne ve vatanseverlerin direnişine sempati duymaktadır. Özellikle de Londra Konferansı'na Ankara Hükümeti'ni de davet etmesi ve konferans sırasında Türklerin tek temsilcisinin Ankara Hükümeti olduğunu belirtmesiyle birçok vatanseverin gönlünde ayrı bir yere gelmiştir. Gelen malumatlarla birlikte bunu bilen ve paşaya güvenen Ata Efendi, cemiyet üyeleriyle onu ziyaret etmiş ve Anadolu'ya geçme isteklerinden bahsederek, etrafında sıkı tedbirler alınan Özbekler Tekkesi için kendilerine yardımcı olmasını talep etmişlerdir.

Ahmet Tevfik Paşa, onları büyük bir muhabbet ve sevgiyle karşılar. İcap eden neyse hepsini yerine getireceğinin sözünü verir ve onlar için İngilizlere güvence vereceğini söyleyerek, tekkeyle birlikte ahalisinin zaman içinde tamamen şehirden çıkarak kimse için tehlike oluşturmayacağına dair evrak hazırlayarak onlara teslim edeceğini söyler.

Özbekler Tekkesi'ne ve İngiliz Komiserliği'ne iletilen evraklardan sonra Ata Efendi, yanındaki üç dervişiyle birlikte yola çıkar. Yorucu bir geceden sonra ilk durak olan Gebze'ye ulaşır ve kısa bir dinlenmeden sonra belirlenen güzergâh üzerinden tekrar ilerlemeye başlarlar.

Mustafa Kemal Paşa, yola çıktıkları ilk geceden beri Ata Efendi hakkında malumatlar alır, güvenliğinin sağlanması için ne gerekiyorsa yapılmasını ister.

Onun gelmesine yakın Ziraat Mektebi'nde bir oda hazırlatılmasını buyurur, dinlenmeleri için özel bir önem gösterir.

Sabah olduğunda istasyonda onları karşılamak için yaveriyle birlikte mebusların bir kısmının da hazır bulunmasını ister. Özbekler Tekkesi'nin yardımlarıyla Anadolu'ya geçmekte muvaffak olan tüm mebuslar, askerler ve diğer meslek sahipleri Ata Efendi'ye bir teşekkür göstergesi olarak sabahın ilk saatlerinden itibaren onu karşılamak için tren istasyonuna giderler.

Kısa bir bekleyişin ardından uzaktan da olsa dumanı gözüken treni fark eden kalabalık heyecanla alkış tutmaya başlar ve Milli Mücadele için birçok fedakârlıkta bulunan Şeyh'in trenden inişiyle birlikte herkesin yüzü güler, onun elini öpmek için birbirleriyle yarış içine girerler ancak Ata Efendi elini kalbine götürerek elini öpmelerine müsaade etmez. Onlara duygulu ve tutkulu bir konuşma yapar, Ankara'da Milli Mücadele'nin kalbinde olduğu için kendini mutlu, huzurlu ve daha güçlü hissettiğini söyler. Yaptığı konuşmadan sonra tekbir sesleri ile alkış sesleri etrafta yankılanır.

Ata Efendi gördüğü manzaradan dolayı duygulanır, eliyle gözyaşlarını siler ve kendisi için gönderilen otomobile bindirilerek, dervişleriyle beraber dinleneceği Ziraat Mektebi'ne doğru yola çıkar.

Mektepte kendilerine ayrılan odadan dolayı Mustafa Kemal Paşa'ya saygılarını ve sevgilerini iletmelerini ister. Kısa bir dinlenmeden sonra mektebin bahçesinde dolaşırken karşısında Halide Edib Hanım, Adnan Bey ve Mehmet Akif Bey'i görür.

Uzun bir aradan sonra gördüğü eski dostlarıyla uzunca sohbet eder, onların yaptığı işlerden haberdar olduğunu söyler, kendisine büyük bir gurur ve sevinç yaşattıklarından bahsederek aralarındaki bu birlik ve mücadele azmi olduğu müddetçe hiçbir düşmanın önlerinde duramayıp mağlup olacağını söyler.

Görüşmelerden sonra tekrar odasına çekilen Ata Efendi'ye ertesi gün için Mustafa Kemal Paşa'nın kendisini Meclis'te görmek istediğini bildiren bir haber gelir. Sonunda Paşa'yla yüz yüze görüşebileceği için Allah'a şükreder ve bir an önce sabah olması için o gece erkenden uyur.

"Göklere çıkan gizli merdivenlerden cimriler, kötü kişiler yararlanamaz..."

– Mevlana Celaleddin-i Rumi

-X-

"Dost dostu gerçekten severse,
düşman ne yapabilir?"

– Şeyh Sadi Şirazi

Ata Efendi, sabahın erken saatlerinde Meclis'e gider. Paşa'nın henüz gelmediği kendisine iletilince Meclis bahçesinde bulunan mebuslarla sohbet etmeye, İstanbul'un son durumuna dair onlara bilgi vermeye başlar.

Mebuslar her geçen gün İstanbul'un durumunun daha kötüye gittiğini anlarlar ve Ankara'da Mustafa Kemal Paşa'nın liderliğinde bu durumun düzeleceğine dair umutlarını koruduklarını dile getirirler. Ata Efendi, vatansever hareket içinde yer alanlarla birlikte Ankara'da olduğu için şükreder ve Paşa'nın gelişini beklemeye devam eder.

Daha fazla beklemesine gerek kalmadan Paşa'nın makam aracının Meclis'in önüne geldiğini görür ve ayağa kalkarak onu karşılamak için kapıya doğru ilerlemeye başlar.

Mustafa Kemal Paşa, karşısında duran bu mütevazı ve mahcup adamın Ata Efendi olduğunu anlar, ona doğru gülümseyerek ilerler, kollarını açarak sıkıca ona sarılır. Ata Efendi de aynı şekilde karşılık vererek Paşa'ya sarılır ve yanında olduğu için duyduğu memnuniyeti dile getirir.

Paşa eliyle yolu göstererek yukarı çıkmalarını ister, konuşmaları gereken mühim meseleler olduğundan bahseder ve yavaş adımlarla ilerlemeye başlar. Paşa'nın peşinden giderek onu takip eden Ata Efendi, odaya girdiklerinde kendisine gösterilen koltuğa yavaşça oturur ve Paşa'ya dikkatli bir şekilde bakar.

Mustafa Kemal Paşa, onu aralarında görmekten dolayı duyduğu memnuniyeti dile getirir, İstanbul'da kalan dervişleriyle gazilerini de en yakın zamanda aralarında görme arzusundan bahseder. Ata Efendi de vatan topraklarından son düşman kovulana kadar mücadeleden asla vazgeçmeyeceğini söyler ve kendisine verilecek yeni vazifeleri bir an önce yerine getirmek ister. Paşa onu Meclis'te görmek istediğini söyleyip, diğer mebuslarla birlikte çalışmalara katılmasını ve fikirlerini açıkça kürsüden dile getirmesini talep eder.

Ata Efendi, o günden başlayarak Yunanlılar ile İngilizlerin Anadolu ve İstanbul'dan gönderildikleri güne kadar Meclis'te faaliyet gösterir, savaş meydanlarında bulunamasa bile Ankara halkıyla, mebusların yanında durarak onları cesaretlendirir ve zafere inandıracak söylemlerde bulunur. Halkın maneviyatını ayakta tutabilmek için çarşıları, meydanları, kahveleri, sokakları yorulmadan gezer ve onlarla konuşarak mücadele azimlerini ayakta tutar.

Sırasıyla Birinci ve İkinci İnönü Muharebesi ile Yunan ilerlemesi durdurulur. Sonraki günlerde Afyon'un kaybedilmesi kazanılan bu zaferleri kısmen gölgeler. Meclis'te yaşanan tartışmalardan sonra ordunun komutasını bizzat devralarak harp sahasına inen Mustafa Kemal Paşa ve Fevzi Paşa, Türk birliklerini süratle Sakarya Nehri kıyılarına çekerler. Halkın moralini yükseltmek için Ata Efendi ve İstanbul'dan gelen dervişleri durmaksızın faaliyetlerine devam edip, mücadeleye katkı sunarlar.

O günlerde Mustafa Kemal Paşa, Ata Efendi ile bir kez daha baş başa görüşme talebinde bulunur ve o görüşme esnasında ondan bir isteği olur. Enver Paşa ile olan anlaşmazlıkların giderilmesi için, diğer paşaların da önerisiyle Türkistan'a giderek Enver Paşa ile görüşmesi istenir. Ata Efendi'ye bu görevin verilmesinde Özbekçe bilmesi ve bölge halkını yakinen tanıması da etkili olur ve ihtiyaçları Ankara Hükümeti tarafından karşılanır.

Ata Efendi kısa sürede hazırlanır, ona bu yolculuğunda dervişlerinin de eşlik etmesine müsaade edilir ve uzun bir yolculuktan sonra Enver Paşa ile görüşmek için Türkistan'a varır.

Enver Paşa ile olan ilk karşılaşmasında onu oldukça zayıf ve bitkin bir halde görmesine rağmen asker duruşundan hiçbir şey kaybetmediğini anlar. Paşa, Anadolu'daki mücadeleyi takdir ettiğini, işgalcilerin er ya da geç Anadolu ve İstanbul'dan kaçmak zorunda kalacaklarını söyler. Ata Efendi'nin bu mücadeledeki katkılarından da haberi olduğunu belirtir. Daha sonra ondan bir konuda ricacı olur ve kendisinin de Anadolu'daki Milli Mücadele hareketine katılma isteğini Mustafa Kemal Paşa'ya iletmesini ister.

Ata Efendi'nin Ankara'ya çektiği telgrafın sonucu Enver Paşa için olumsuz olur. Mustafa Kemal Paşa ve diğer paşalar Meclis'te bulunan bazı eski İttihatçıların Enver Paşa'yı başa geçirmek istediklerinin farkındalardır. Bu yüzden mücadelede herhangi bir ikilik çıkmasını arzu etmedikleri için Enver Paşa'nın orada kalmasını münasip görürler.

Enver Paşa kendisine iletilen haberi kabullenir ve bundan sonra Anadolu'daki mücadele için duacı olacağını söyleyerek Ruslara karşı Türkistan'da başlayacak olan isyanı örgütlemek için mücadele edeceğini Ata Efendi'ye söyler.

23 Ağustos-13 Eylül tarihleri arasında süren Sakarya Meydan Muharebesi ile de Yunan taarruzu püskürtülür. Halkın kendine güveni tazelenir, Meclis yarınlar için yeniden umutlanır ve bu zafer nedeniyle Başkomutan Mustafa Kemal Paşa, Meclis tarafından Mareşal rütbesine yükseltilir ve Gazi payesiyle onurlandırılır. Nihayet 26 Ağustos 1922'de Afyon'un doğusundaki mevzilerden taarruza geçen Türk ordusu, 30 Ağustos'taki Dumlupınar Meydan Muharebesi'nde Yunan ordusunu kesin yenilgiye uğratır ve tamamen dağılan Yunan ordusunun boşalttığı Ege bölgesi birkaç gün içinde Türk kuvvetlerinin eline geçer ve 9 Eylül'de Türk orduları İzmir'e girerek Yunan işgaline son verir.

Ata Efendi iki yıllık bir aradan sonra yeniden Ankara'ya gelir. Enver Paşa'nın 4 Ağustos 1922'de Kurban Bayramı sırasında Tacikistan'da Yakov Arkadiyeviç Melkumov komutasındaki Bolşevik Ruslara karşı yapılan bir çarpışmada Rus mitralyözünün açtığı ateş sonucu şehit olup, Çeğen Köyü'ne gömülmesinden sonra oralardan ayrılmak istemiş ve Mustafa Kemal Paşa'nın da rızasıyla tekrar yola çıkmıştır.

Ata Efendi yurda döndüğünde Fransızlar, İtalyanlar ve en nihayetinde Yunanlıların Türk'ün onca fedakârlıkla oluşturduğu ordusu karşısında tutunamadıklarını görmüştür. Büyük çileler, zahmetler çekilmiş ama en sonunda Gazi Paşa'nın liderliğinde düşmanı Anadolu'dan kovmayı başarmışlardır.

Ancak yine de içinde buruk bir sevinç vardır çünkü İngilizler henüz İstanbul'dan çekilmemişlerdir. Bunun için de mücadele edileceğine ve onların er ya da geç İstanbul'dan çıkarılacaklarından emindir.

İstanbul'un durumuna dair Mustafa Kemal Paşa, aralarında Ata Efendi, paşaların ve mebusların olduğu bir toplantıda İsmet Paşa'ya doğru dönerek, "Trakya, 6 Ekim öğleden sonra saat altıya kadar TBMM hükümetine teslim edilmediği takdirde 6/7 Ekim'de İstanbul üzerine harekete geçiniz!" diye bir emir verir.

Fransa, General Pelle ve Franklin Bouillon aracılığıyla yeni bir çatışma olmaması için Mustafa Kemal Paşa'yı yatıştırmak ister. Bu girişimlerden sonra Gazi Paşa, İsmet Paşa'dan vermiş olduğu emri bir süre bekletmesini ister. Nihayetinde İngiltere, 5 günlük bir direnişten sonra Mustafa Kemal Paşa'nın isteğini kabul etmek zorunda kalır.

Alınan bu müjdeli haberden sonra Ata Efendi'nin hocalığında mebuslar bir şükür namazı kılarlar ve kazandıkları her zaferde olduğu gibi yine Allah'a şükrederek dualar ederler.

Daha sonra sırasıyla 1 Kasım 1922 tarihinde Meclis, İstanbul Hükümeti'nin hukuki varlığına son vererek Türkiye'nin tek ve tartışmasız hâkimi olur.

20 Kasım 1922'de toplanan Lozan Barış Konferansı'nda Türk delegelerinin delegasyon başkanı İsmet Paşa'dır. Aylarca süren görüşmelerden sonra İngiltere, Yugoslavya, Rusya, Fransa, Bulgaristan, Yunanistan, ABD, İtalya, Romanya'dan oluşan taraflar 24 Temmuz 1923'te Lozan Barış Antlaşması'nı kabul ederler.

29 Ekim 1923 günü Mustafa Kemal Paşa, mebuslar ile görüştükten sonra taslağı hazırlanan "Cumhuriyet" önergesini Büyük Millet Meclisi'ne verir. Ata Efendi, hiç tereddüt etmeden tavrını Cumhuriyet'ten yana koyar ve Gazi Paşa'yı daha önce olduğu gibi yine destekler. Meclis de kendisine sunulan bu önergeyi kabul eder. Böylece, devletin yönetim biçimi "Cumhuriyet", adı ise "Türkiye Cumhuriyeti" olarak belirlenir. Mustafa Kemal Paşa, kurulan Türkiye Cumhuriyeti'nin ilk "Reisicumhur"u (Cumhurbaşkanı) olur.

Anadolu ve İstanbul düşman işgalinden kurtulmuştur. Mustafa Kemal Paşa, o günlerde vatan için mücadele edip canlarını ortaya koyan, kendilerine güvenen herkesle Cumhurbaşkanı olarak görüşmeye başlar.

Şeyh Ata Efendi'ye de bundan sonraki günler için bir isteğinin olup olmadığı sorulur. Ata Efendi'nin tek bir isteği olur, o da Türkistan'a giderek atalarının topraklarını yeniden ziyaret etme arzusudur.

Bu isteği kabul edilir ve ne zaman gitmek isterse onun için gerekli hazırlıkların yapılacağı söylenir. Ata Efendi, kendisine eşlik etmek isteyen dervişlerine müsaade etmez, onları İstanbul'a tekkeye gönderir ve kendisini beklemelerini tembihler.

Bir seneye yakın Türkistan'da ikamet eder, orada kalmış olan aile üyeleriyle vakit geçirir. Ayrıca o bölge insanları ve Sovyet Rusya hakkında bilgiler toplar, topladığı bilgileri de kısa aralıklarla Ankara'ya gönderir.

Tekrar yurda döndüğünde öncelikle Ankara'ya uğrar ve Mustafa Kemal Paşa ile bir kez daha görüşür. O bölgelerden topladığı bilgilerden dolayı Paşa onu takdir eder, kendisine ve tekkesine büyük bir muhabbet beslediğini söyler ve Ata Efendi'yi İstanbul'a yolcu eder.

Ata Efendi uzun yıllardır ayrı kaldığı tekkesini görünce duygulanır. Kızları, dervişleri ve gazileriyle hasret giderir, İstanbul'un son durumuna dair onlardan bilgi alır ve en sonunda da aile büyüklerinin mezarlarını ziyaret ederek odasına çekilir.

"Dünya, derin bir deniz gibidir.
İnsanların çoğu bu denizde boğulurlar."

– Hacı Bektaş Veli

-XI-

"Akıllı insanın üç askeri vardır:
Sabır, utanmak ve kanaat."

– Hacı Bektaş Veli

Uzun yıllardır süren savaşlardan sonra devletin, ordunun ve halkın yaşamına bir sakinlik geldi denilirken 13 Şubat 1925 tarihinde doğu bölgesinde bir isyan hareketi baş gösterir.

Şeyh Said ve adamları 16 Şubat tarihinde Genç Vilayeti'nin kazası Darahini'yi basarak valiyi ve öteki görevlileri esir alırlar. Halkı İslamiyet adına ayaklanmaya çağıran bir bildiriyle hareketi tek bir merkez altında toplamaya çalışırlar. Bu bildiride Şeyh Said, din uğruna savaşanların lideri olduğu anlamına gelen mührünü kullanır ve herkesi din uğruna savaşa çağırır. Başlangıçta isyan İslam şeriatının tesisi adına başlatılmış ise de sonradan Kürt istiklal hareketine çevrilmiştir.

15 Nisan 1925 tarihinde Şeyh Said, Varto taraflarında yakın bir akrabasının ihbarıyla Carpuh Köprüsü'nde ele geçirilir. Diyarbakır'daki Şark İstiklal Mahkemesi 28 Haziran tarihinde onun ve 47 ayaklanma yöneticisinin hakkında idam cezası verir. Cezalar, başta Şeyh Said olmak üzere ertesi gün infaz edilir.

Bu olayların da etkisiyle Cumhurbaşkanı Mustafa Kemal Paşa, 30 Ağustos 1925'teki Kastamonu söylevinde, "*Türkiye Cumhuriyeti şeyhler, dervişler, müritler ve mensuplar memleketi olamaz. En doğru en hakiki tarikat, medeniyet tarikatıdır...*" sözleriyle tüm yurtta tekke ve zaviyelerin kapatılacağının işaretini verir.

Doğu Anadolu bölgesinde çıkan Şeyh Said İsyanı'yla birlikte kapatılma süreci hızlanır ve 677 sayılı yasa önergesi 30 Kasım 1925 günü yürürlüğe girer. Ardından hızlı bir süreçle tekke ve zaviyelerin tasfiyesine başlanır hatta birçok şeyh ve müritleri İstiklal Mahkemeleri'nde yargılanır.

Ata Efendi tekkeler için alınan devlet kararını saygıyla karşılar, kendisi için gelecek haberi beklemeye başlar ve o haber gelene kadar tekkenin günlük işleriyle ilgilenmeye devam eder.

Kararın alınmasından bir gün sonra kendisini İstanbul Belediye Reisi Emin Bey'in ziyaret edeceğinin haberi gelir ve gelecek olan misafiri iyi ağırlayabilmek için tekkede hazırlıklar yapılır.

Emin Bey, biraz mahcup biraz da çekingen bir şekilde Ata Efendi'nin yanına gelir ve bizzat Ankara'dan gönderilen haberi ona ileteceğini söyler.

Emin Bey'in ilettiği habere göre Milli Mücadele'ye verdiği katkılardan dolayı Özbekler Tekkesi diğer tekkelerle bir tutulmayacaktır. Şeyhin, ailesi ve müritleriyle yaşadığı bu binaya kilit vurulmayacak ve eskisi gibi yaşamaya devam edeceklerdir. Ancak tüm tekkeler gibi zikir ve diğer dini ayinlerden de uzak duracaklardır.

Ata Efendi, duyduklarından sonra belediye reisine nazikçe gülümseyerek alınan her kararı büyük bir sükûnet ve saygıyla karşılar, kendisine ya da tekkesine ne olacağından ziyade bundan sonra da devlete nasıl hizmet edip, faydalı olabileceğini düşündüğünü söyler.

Özbekler Tekkesi o günden sonra dini ayinlerden ziyade musiki ve sanatla uğraşılan bir kültür merkezi haline gelir. Cumhuriyet'in ilk yıllarında da Milli Mücadele sırasındaki hizmetlerinin karşılığını görür ve tekkelere uygulanan katı uygulamalara maruz kalmaz. Tekkenin konukları da zikir için değil tasavvuf müziği meşk etmek için bir araya gelmeye başlar.

Ayrıca musikinin yanı sıra Türkistanlı talebeleri ve yoksulları misafir etmeye ve Türkistanlıların kurduğu cemiyetlerin de merkezi olarak hizmet vermeye de devam etmiştir.

Ata Efendi, Cumhuriyet'in kurucu kadrosu ile bağlarını kopartmaz. Fevzi Paşa ile İsmet Paşa ne zaman İstanbul'a gelse Özbekler Tekkesi'ni ziyaret eder ve Ata Efendi ile gündeme ve eski günlere dair sohbet ederler.

Ziyaretleri esnasında bir gün İsmet Paşa, yapmış olduğu hizmetlerden dolayı Ata Efendi'nin hakkının ödenemeyeceğini söyler ve ona teşekkür etmek amacıyla kızlarının öğrenim giderlerini karşılama isteğinde bulunur. Ata Efendi her ne kadar bu kabul etmek istemese de İsmet Paşa'nın kararlı ve ısrarcı tutumundan dolayı bu isteğini geri çeviremez.

Takvimler 1930 yılının sonlarını gösterdiğinde ise İzmir'in Menemen ilçesinde kendini Mehdi olarak tanıtan Derviş Mehmet, adamlarıyla birlikte dini koruma iddiasıyla meydana çıkarlar ve arkalarında 70 bin kişilik Halife Ordusu olduğunu, öğle saatlerine kadar şeriat bayrağı altında toplanmayanların kılıçtan geçirileceğini söyler.

Olayların ilçedeki askeri birlikte duyulması üzerine alay komutanı, Yedek Subay Kubilay'ı bir manga askerle birlikte olay yerine gönderir. Kubilay, askerlerin yanından ayrılarak tek başına eylemcilerin arasına girer ve teslim olmalarını ister. Silahlı eylemcilerden biri ateş ederek Kubilay'ı yaralar. Bunu gören askerler ateşle karşılık verirler ancak tüfeklerinde öldürücü etkisi olmayan manevra fişekleri vardır. Elebaşılardan Derviş Mehmet "Bana kurşun işlemiyor!" diyerek halkı kutsal bir vazifesi olduğuna ikna etmeye çalışır.

Kubilay yaralı halde uzaklaşarak cami avlusuna sığınır ancak Derviş Mehmet ve arkadaşları peşinden gelerek onu orada katlederler.

Yaşanan bu elim hadiseden dolayı Mustafa Kemal Paşa, 28 Aralık 1930'da orduya gönderdiği başsağlığı telgrafında, "mürtecilerin gösterdiği vahşet karşısında Menemen'deki ahaliden bazılarının alkışla tasvipkâr bulunmalarının bütün cumhuriyetçi ve vatanperverler için utanılacak bir hadise" olduğunu belirtir.

Olaya karışanlar kısa sürede yakalanır ve 3 Şubat 1931 gecesi Menemen'de idam edilir.

Menemen'de meydana gelen bu olaylar esnasında İsmet Paşa, Özbekler Tekkesi'nde konaklamaktadır. Ata Efendi, yaşanan bu kötü olaydan dolayı tekkeye yönelik bazı tehditlerin gelebileceğinden dolayı endişelidir. Telaşa kapılmamalarını isteyen İsmet Paşa, belediye reisi ve kolluk güçleriyle görüşerek tekke ahalisini olası bir saldırıdan ve tevkif edilmekten kurtarır.

Tekkelerin kapatılması ve ortaya çıkan bu vahim olaylar nedeniyle devletin bekasını da gözeten Şeyh Ata Efendi, ölümüne kadar sessizliğini bozmamaya yemin eder ve bir daha hem kendisinin hem de tekkesinin göz önünde olmaması için gayret eder.

"İnsan ömrünün uzun ve kısa olması aslında çok veya az yaşamakla değil, hayatta kazanılan faydalarla alakalıdır."

– Ataullah İskenderi

-XII-

"İnsanlardan geriye
sözden başka ne kalacaktır!"

– Feridüddin Attar

1936 yılına gelinmiştir. Şeyh Ata Efendi artık 53 yaşındadır, birçok olaya tanık olmuş, vatan ve milletin selameti için elini de boynunu da taşın altına koymaktan çekinmemiştir.

Milli Mücadele'nin başarıyla kazanılmasından sonra kendini tamamen tekkeye ve baba yadigârı işlere adamış, fakülteye dönüp tekrar hukuk eğitimi vermesinde ısrarcı olunmasına rağmen bunu kabul etmeyerek göz önünde olmadan sakin bir hayat yaşamayı tercih etmiştir.

Yorgun olduğunu dostlarına söyleyemese de yorgundur ama yaşadıklarından dolayı asla pişman değildir, aksine başardıklarından dolayı memnundur. Düşmana karşı koyarken de, düşman gittikten sonra da herhangi bir istikbal beklentisi olmadan yaşamıştır ve son nefesine kadar da öyle yaşayacağına dair yemin etmiştir.

Bir zamanlar kapısı her gün çalınan, odalarından misafirleri eksik olmayan, düşmana karşı koymak için canıgönülden tekkede çalışanların sayısı da her geçen gün azalmıştır. Bu durum Ata Efendi'de biraz kırgınlığa sebep olsa da zamanla sessizliğe de alışmıştır. Ancak ne zaman bahçeye çıksa ya da misafirlerini ağırladığı odalara geçse gözlerini kısa süreliğine kapatır ve onlarla konuştuklarını düşünerek o günleri hatırlamaya çalışmadan edemezdi.

Yanında kalan ve ziyaretine gelen az kişiyle bazı akşamlar muhabbet odasında toplanan Ata Efendi, onlarla birlikte öncelikle musiki icra ederdi. Onlar neylerini üfleyip, ilahiler söylerlerken mutfakta yemekler pişer ve musikiden sonra hep beraber yenilirdi. Sessizlik içinde yenilen yemekten sonra herkes bir köşede yerini alır ve sohbetler edilirdi. O akşamlarda herhangi bir şüpheye yer bırakmamak için devlet ricalinden de mutlaka birileri tekkeye davet edilir ve gelenleri Ata Efendi'nin yanında oturtarak sohbete dahil olmaları sağlanırdı.

İlerleyen aylarda akşam toplanmalarının sayısı azalmaya başlar çünkü Şeyh Ata Efendi günden güne zayıflamakta ve kendini iyi hissetmemektedir. Nefes almakta yaşadığı problemlerden dolayı çok sevdiği neyinden de ayrı düşmek zorunda kalır.

Tekkenin bahçesinde geçirdiği vakitlerde az da olsa kendini iyi hisseder, toprağa özenle ekip büyüttüğü gülleriyle daha çok ilgilenmeye başlar ve daha sonra okumaktan hoşlandığı şiir kitaplarını eline alarak akasya ağacının altındaki sandalyeye oturur ve yorulana kadar şiirler okurdu.

İşte öyle günlerden birinde, şiirlerini okuduktan sonra ayağa kalkıp, dinlenmek için odasına çekilmek üzere yürürken gökyüzüne bakmadan edemez ve "Baki kalan bu kubbede bir hoş seda imiş..." diyerek içi huzurlu bir şekilde güllerin arasından geçer.

Ata Efendi, sevdiği şiirleri son kez okuduğundan habersiz o gece uykuya dalar ve bir daha fani dünyaya gözlerini açamaz. Cenazesi ömrünün son yıllarına benzer bir şekilde sessiz sedasız defnedilir. Ancak onu tanıyanlar ya da yaptıklarını bilenler onun Türk İstiklal Savaşı'nda gördüğü hizmetlere son bir defa daha şahitlik ederler.

Vatanın selameti için üstüne düşen vazifeyi yerine getiren Ata Efendi'nin değerli hatırası, Üsküdar

Özbekler Tekkesi'nde hâlâ yaşatılmakta ve kendisinden sonra gelen nesillere örnek teşkil etmektedir.

Ve son olarak Özbekler Tekkesi mutfağıyla, müziğiyle, ebru teknesiyle dünya var oldukça yaşamaya devam etsin. Şeyhleriyle, dervişleriyle, gazileriyle vatan için yaptığı fedakârlıklar unutulmasın.

Yazar Hakkında

25 Ekim 1989 tarihinde Sakarya'da doğdu. Lisansını Ege Üniversitesi Halkla İlişkiler ve Tanıtım bölümünde, yüksek lisansını da Sakarya Üniversitesi Halkla İlişkiler ve Reklamcılık bölümünde "Kitle İletişim Aracı Olarak Sinema ve Soğuk Savaş Sonrası Emperyalizm: James Bond Örneği" isimli tez çalışmasıyla tamamladı.

İzmir/Foça'da bulunan Amfibi Deniz Piyade Tugay Komutanlığı'nda Asteğmen rütbesiyle Takım Komutanı olarak görev yaptıktan sonra özel bir şirkette İdari İşler Sorumlusu olarak çalışmaya başladı.

İlk kitabı *Mahlukat* 2019 yılında basıldı.